一流の上司、二流の上司

吉越浩一郎
Koichiro Yoshikoshi

三笠書房

はじめに――上司の実力は「徹底度」で決まる

一流の上司と、二流の上司。この二つを分けるものは、意外とシンプルだ。

それは「実行力」、そして「徹底度」である。

はっきりいって、およそ上司になるような人材であれば、その才能やスキルにそこまで大きな差があるわけではない。部下指導でも、危機管理でも、目標達成でも、守るべき原理原則にさほどの変わりはない。

違いは、その実行力と徹底度にあるのだ。やるべきことを確実に実行し、結果が出るまで徹底的にやれるかどうか。そこに、一流と二流の差がはっきり表れる。

たとえば、部下指導において、一流の上司は、徹底的に厳しい。厳しい、といっても、それは部下につらく当たることでは一切ない。ましてや、感情的に怒ることでもなく、あくまで仕事に対しての厳しさであり、結果に対してシビアである、ということだ。部下が自力で目標達成できるよう、指示・示唆を与え、デッドライン（締め切り）をつくりながら、結果が出るまでその仕事を徹底的に追いかけてマネジメントしていく。その結果、部下に結果を出させることで自信をつけさせ、成長させ、会社に貢献させる。そんな上司に、会社はさらに上のポジションを与えていくのだ。

部下に好かれることばかりを考え、仕事の完成度に対する徹底度が低く、結果に対しても甘い。そんな上司など、私にいわせれば、二流どころか三流だ。部下は「この上司に従えば、必ず結果が出る」と知っているからこそ、その上司から仕事面で厳しくされても、信じて懸命についていくのである。

いま、世の中は凄まじいスピードで変化をしている。今日は繁栄していた企業が、明日には没落することなどいくらでも起こる。

組織はこのスピード時代に生き残るために、たえず改革を要求されるし、たえず新しい戦略を立てる必要に迫られている。そんな時代に、実行力がなく、徹底さに欠ける甘いリーダーがいる企業など生き残れるわけがない。

一人の人間のビジネス人生には様々なことがある。壁にぶち当たったり、逆境に陥ったりすることもあるだろう。

しかし、どんなときも周囲からの評価を集め、信頼を獲得し、結果を出していくのは、本書で述べる「一流の上司」のような考え方や習慣、発想、行動で仕事をする人間だと、私は確信している。

本書は、私が長年、ビジネスの世界で実践してきたことや、トリンプ・インターナショナル・ジャパンの社長として接してきた優秀なリーダーたちが実践してきたことをまとめたものである。私のリーダー論の集大成として、一流の上司と二流の上司の姿を、具体的に浮き彫りにした。経営者や管理職の方はもちろん、これからリーダーになっていく若いビジネス・パーソンがよりよい仕事、よりよい人生を実現するためのヒントやきっかけになることを願っている。

吉越浩一郎

目次

1章 リーダーの本質を理解しているか？

――一流の上司、二流の上司の〝分岐点〟

2章 部下を半人前に扱っていないか？
――部下の仕事にあれこれ口を出すな

3章 世の中の変化に気づいているか？
――グローバル時代に求められるリーダーシップ

4章 自分の役割をまっとうしているか？
――タフな上司になるための「考え方」「働き方」

5章

自分を信じて努力をしているか？

――吉越流「これだけは守るべき」上司の心得

編集協力／中川賀央
本文ＤＴＰ／株式会社Ｓｕｎ Ｆｕｅｒｚａ

1章

リーダーの本質を理解しているか？

――一流の上司、二流の上司の〝分岐点〟

1 〝滅私奉公〟ができない上司は、失格である

上司にとって重要な条件を一つだけ挙げろ、といわれたら、私は何より「自分に厳しくあること」を挙げる。

「自分に厳しい」というのは、日本的な言葉でいえば「滅私奉公」だ。

しかし、それは、自分の「個性」を捨てろというのではない。「私利私欲」を捨て去り、「組織にとって正しいこと」を優先しろという意味だ。

上司の仕事というのも、まさにそういうことで、地位が高くなればなるほど、組織全体の成果を考え、そのための役割に徹しなければならない。

これは、ときに部下に対しても、私情で甘くなることなく厳しい態度で臨まなければならないことを意味する。

さらに、一流の上司は、部下に対して厳しいが自分に対してはもっと厳しい。だからこそ部下は、その上司を信頼し、「この人についていけば間違いない」と思うのである。

そして、そんな上司のもとで育った部下は、やはり同じように自分に対して厳しい人間となり、やがて大成していく。

■部下に好かれるな、信頼されよ

ところが、最近の上司には、とにかく「いい人」になって部下から「好かれよう」とする人が多い。

上司は、部下に「好かれる」必要なんてない。

それより「信頼される」ことが必要なのだ。

そして、部下から信頼されるためには、「部下に結果を出させる」ことが必要だ。

もちろん、人に優しく接することを全否定はしないが、仕事は「結果」を出さなければ意味がない。「今回は結果が出なかったけど、お前は頑張ったよ」などと褒めても仕方がないのだ。

そうした態度を世間では「優しい」というが、私にいわせれば「甘い」だけだ。

あまり厳しくしたら、部下が挫折したり、心を病んだりするのではないか、という人もいるだろう。

しかし、私はトリンプにいた時代、部下に厳しく接してきたが、そんなふうになる部下は一人もいなかった。

なぜなら、私は自分自身にも厳しくしてきたし、私利私欲を排して、つねに「会社にとって正しいこと」を実行してきたからだ。部下は私に厳しくされて、落ち込んだり、ときには反発したりすることもあっただろうが、「理不尽だ」とは思わなかっただろう。

むしろ部下が挫折をしたり、心を病んだりするような問題は、上司が私利私欲を優先して自分の成果ばかりを求め、部下を「手下」にして無茶な仕事、無理な仕事をさせるから起こるのだ。

これは、「上司の本質」がわかっていないことに他ならない。

繰り返すが、上司というのは、自分に厳しくなければならない。

「自分に厳しい」というのは、「滅私奉公」で仕事に取り組むことである。

「私利私欲」を捨て去り、「組織にとって正しいこと」を貫徹することである。

2 リーダーの仕事とは、「改革」である

一流の上司は、必ずといっていいほど「改革」を志向する。

「改革」を志向するということは、安定を望む人たちとは敵対することになる。安心安全な箱を壊そうとするのだから、既得権益にしがみつく人にとっては煙たい存在だ。だから、「抵抗勢力」が当然のように生まれる。

しかし、「自分の会社がいつまでもある」というのは、「幻想」なのだ。誰から反対されようが、リーダーは「私利私欲」を捨てて会社にとって正しい改革を続けないと、組織はやがて、間違いなく衰退していく。

ただ、それがわかっていないリーダーがいかに多いことか。多くのリーダーは「現状で自分は満足している」「事を荒立てたくない」と、すぐ逃げに入ってしまう。

悲惨なのは、こんなできない人間が上役にいる、改革を志向する中間管理職たちだろう。

先日も、とあるリーダー職の方からメールをもらった。彼はある一部上場メーカーの販売会社社長で、社内の大改革をして業績を伸ばしていた。

ところが、彼の強硬姿勢を評価しなかった本社の経営陣も多かったのだろう。ある日突然、オーナーに呼び出され、「会社を辞めてくれ。ここに書類があるから、サインをしろ」といわれた。

間違いなく会社にとって自分が正しいことをしていると信じているのなら、私だったら絶対にサインなどせず、徹底的に交戦して退職金をぶんどってやるのだが……、彼は潔く会社を退いた。そしてまったく違う業界の大手電機メーカーに拾われることになったのだ。

それで現在、彼がどうなったのかといえば、たった数年の間に北関東の販売会社の社長としてその会社で様々な改革を実行し、東京の販売会社の社長も兼務するようになった。一方で彼を追い出した一部上場メーカーはいま、販売低迷にあえいでいるという。

組織というのは、こういうものなのだ。とくに変化の激しい現在では、地に足をつけてのんびりしていたら、あっという間に市場から見放されてしまう。つねに「つま先立ち」のような状態で、どの方向にもすぐに全速力で動き出せるくらいの姿勢や覚悟が必要なのだ。

■「いい人」は、無能な上司の代名詞

「安穏として過ごす仕事人生というのは、もう自分の中では考えられなくなっている」と語るのは、ジャパンディスプレイという会社で社長を務める大塚周一さんだ。

ジャパンディスプレイというのは、国際競争に打ち破れたソニー、東芝、日立製作所で液晶パネルをつくっていた子会社を統合した、弱小連合のような会社だ。

ところが産業革新機構の要請でこの会社の社長になった大塚さんは、強力なリーダーシップで組織統合を行ない、わずか一年で会社を軌道に乗せた。

それもそのはずで、この大塚さんという方は、日本テキサス・インスツルメンツ、ソニー、エルピーダメモリと会社を渡り歩き、その都度「現場からの改革」を実践してきた人なのだ。まさに叩き上げのリーダーであり、安穏とした環境でぬくぬくと培養されてきたタイプの人ではない。

つねに不安定な環境の中で叩き上げてきたリーダーが持っているのは、自分の仕事に対する「絶対の自信」だ。

だから「いい人」になって、「皆が望むように」というレベルで妥協したりしない。誰が反対しようと、徹底して会社を改革していく。

会社のレベルというのは、リーダーの「徹底度」で決まるのだ。

どんな仕事にも、「一〇〇パーセントＯＫ」というものはない。「いま問題が起きていないから安心だ」などと気を緩めたら、すぐに問題だらけになる。

つまり、「組織を時代に合わせて改革していく」ということにも、「ここまでやれば安心」という目安はない。

現代のビジネスパーソンが安穏と過ごせないのはそのためで、リーダーは改革を遂げた次の瞬間から、「もっとできることはないか」と次のレベル向上を考えていかねばならない。

一方で、そんなふうに改革される環境をよしとしない人間が多いのも現実だ。ぬるま湯の環境にいつまでも浸かっていたい、という「ゆでガエル」予備軍が、組織には溢れている。

だから、一流の上司になるには、「自信」がなければならない。「強さ」がなければならない。そして仕事というものは「改革」を通して初めて達成されるものだということを部下に教え込み、そこに喜びを感じてもらえるようにリードしていくのだ。

リーダーというのは、地位が上がれば上がるほど会社に頼れなくなる、組織に頼れなくなる、ということを肝に銘じるべきだ。

3 できる上司は、どこに行っても必ず頭角を現す

「仕事ができる」というのは「普遍的」なもので、ここでは通用する、ここでは通用しない、というものではない。

だから、できる上司は、どんな組織に行っても「できる上司」になるし、できない上司は、どんな組織に行っても「できない上司」のままである。

もちろん業績の面からいえば、苦戦している会社もあるし、そんな会社に管理職として転職したら、経営者の器によっては不遇を味わうこともあるかもしれない。

それでも、できる上司は根気と粘り強さを持って仕事に取り組むので、必ず再浮上

するチャンスが出てくるものだ。

実際、そういう例を私は何度も見てきた。

トリンプ時代の私の部下に、松ヶ谷明子さんという人がいる。彼女は中途採用で、販売員としてトリンプに入社したのだが、すぐに成績優秀者として頭角を現した。当時のトリンプでは売上や生産性など五項目の優秀者を表彰していたのだが、彼女はその全項目でトップを取り、しかもそれを五年連続で達成したのだ。「すごい女性がいるな」と、私も感心したものだ。

しかし、本当にすごいのは、そのあとだった。彼女は個人成績でトップを取ることだけに心を奪われず、トレーナーというリーダー職としても成果を残したのだ。日本ショッピングセンター協会が主催し、全国各社の販売員が接客のスキルを競い合う「SC接客ロールプレイングコンテスト」という大会があるのだが、そこで優勝し、経済産業大臣賞をもらうような優秀な人材を、彼女は二人も育てた。

その指導は決して甘いものではなかったと思うが、彼女は部下から信頼され、慕われていた。まさに松ヶ谷さんは、上司のお手本のような女性だった。

しかし、彼女は、私が会社を辞めたあとにトリンプを退職し、羽根布団の会社に転職する。ところが、その会社が業績不振で潰れてしまった。

そこで私は、ファンケル創業者の池森賢二さんを通じて、彼女に転職先としてファンケルを紹介した。彼女はここで再び実力を発揮し、人事部長にまで昇格する。

そして、二〇一三年の二月に、「ファンケル大学」という人材育成センターが創設されたのだが、松ヶ谷さんは、そこの学長に就任した。まさに「できる上司は、どこでも通用する」ということを証明したと言える。

■「抜擢」される人材は、いつも決まっている

日本には「労働集約的な仕事の仕方」をよしとして、それ以上のことを習わせないまま部下を昇進させ、同じ仕事のやり方を継承し続けようとする傾向がある。

だから部下は、上司の目ばかりを気にするようになるし、会社は、結果的に「社外の空気が読めない」社員をつくり出す。

こんなやり方がいつまでも繰り返されるから、いつまで経っても日本の企業では変革が起こらないわけだ。

海外では、ヘッドハンターという職種の人間が活躍している。リーダーに相応しい人物を探してくるのが彼らの仕事だが、日本ではどうもこの仕事が評価されない傾向がある。なぜなら、「ヘッドハンターがつれてきた人間が、能力のある人間とは限らない」という事態が頻繁に起こるからだ。

しかし、単純にヘッドハンターを非難することはできない。それだけ日本には同質なリーダーが多く、実行力を持ってマネジメントできる人材が少ないのだ。その会社を〝変革〟できるようなほどの人材となると、かなり限られてきてしまう。

それだけに、「光るリーダーは、ものすごく光る」のである。

私はTBSテレビの『みのもんたの朝ズバッ！』という番組で時々コメンテーターをさせていただいているが、先日、担当ディレクターの壮行会に参加した。彼は夕方に放送している『Nスタ』という番組の担当に異動して、低下している視聴率を回復させる役を任されたのだ。

『みのもんたの朝ズバッ!』も、彼が来る前は、じつは視聴率が五パーセントくらいしかなかったと聞いている。それを三年くらいで一〇パーセントぐらいのところまで引き上げてしまった。

おそらくテレビ局にも、そうした豪腕をふるえるディレクターはそう多くないのだろう。だから「いざ」という場合には、そういう人間がいつも抜擢されるようになる。どの番組に行っても、あるいは仮に局が変わったとしても、彼はその場で大きな仕事を成し遂げるに違いない。

あなたも、目指すべきは、どこに行っても通用するリーダーになることである。

4 〝ヘッドハンティング〟されるような部下を育てよ

会社というのは、仕事をしている人を必然的に「スクリーニング」する場所だ。落ちこぼれて窓際に行く人もいれば、幹部にまで出世する人も出てくる。

もちろん、正しく努力すれば評価されていくのが基本ではあるが、どの会社でも、上に立つ人間が必ず「できる人」というわけではない。運が悪ければ、「実力があるのに正当な評価をされない」といった矛盾が起きる可能性もあるだろう。

それでも、前項で述べたように、「一流の上司」になるべく努力を続ければ、どこでも通用するだけの実力が備わり、再浮上するチャンスが必ず来る。

正当な評価が与えられていないのであれば、それこそ積極的に外に出ていけばいい。どんな会社でも、「一流の上司」たる人材を放っておきはしない。

最悪なのは、自分のキャリアに対する戦略もないまま、いまの会社に自分の人生を委ねて、「つるはし労働」のようなことに専念してしまうことだ。

「つるはし労働」というと肉体労働を想像されるだろうが、とかく「頑張る主義」のようなものに価値を置いた、体力だけを消耗していく仕事をいい、同じカテゴリーに属するものだ。

残業して夜遅くまで働くことをよしとするのは典型的な例である。得意先回りを繰り返させたり、「カバン持ち」のような修業労働を褒め讃えたりといった、根性論のようなものがまかり通っているレベルの低い会社が、日本にはまだまだ多い。

「体力」を使って仕事することを、忠誠や努力の表れと見るのは日本の文化かもしれない。しかしグローバル時代のいま、そんな「体力勝負」の仕事しかできない人間は、どこに行っても「カバン持ち」にしかなれない。

だから会社の命じるまま、キャリアを「会社」に、さらには「運」に任せてしまっていると、不遇に甘んじることになっても逃げる道がなくなってしまうのだ。

■「根性論」のマネジメントから脱却する

山本七平さんの『日本はなぜ敗れるのか』（角川書店）という本では、第二次世界大戦で日本が負けた理由を分析している。

敗戦の理由には様々なものがあるが、一言でいえば、「初めから無理な戦いをしていた」ということに尽きる。兵隊に「つるはし」を持たせて、「頑張れば必ず勝てる！」と鼓舞するだけで、戦略など何も立ててはいなかった。

たとえば、フィリピンと台湾の間に「バシー海峡」がある。ここに、日本軍のリーダーは、兵たちを無茶苦茶な状態で送った。というのも、日本軍の輸送船は大半がアメリカの潜水艦に沈められていて、残っているのは狭くてボロボロの船しかなかったからだ。

ボロボロの船に武装した兵をぎゅうぎゅう詰めにしたため、兵は横になるスペースもない。おまけにトイレもないから、皆その場にするしかない。そんな状態で何日も航海するのだから、到着したころには身も心もボロボロで、戦える状態ではなかった。

そんな兵たちを、飛行機で悠々と来た上官が迎え、食事もロクに与えず、武器も明治時代から使っているような鉄砲を持たせ、敵を待ち構えるための塹壕を掘らせ、そこに待機させる。そして、「敵を待ち構えて倒せ！」と指示を出す。

その敵であるアメリカ兵たちは、最新鋭の戦車で意気揚々とやってくるのだ。疲れ切った日本兵たちは何もできない。だから、ただ塹壕の中に隠れているしかない。

アメリカ兵は無理な戦いを仕掛けたりはしない。お昼になると前線からいったん引き揚げて、ランチだといって、ステーキなんかを食べているわけだ。

圧倒的なアメリカ軍の武力の前に、日本軍は「どうしようか」と相談し、「この前線はもう持たないかもしれない」と、夜になると少し後退して、その間兵はロクに食事も取れずに、下がったところでまた徹夜で塹壕を掘る……。

これで勝てるわけがないではないか。

もともと日本は、「機械や鉄類など重要物質の七割近くをアメリカからの輸入に頼っており、開戦すれば九割以上の石油もストップする」という状況を承知の上で開戦に踏み切っていた。つまり、少しでも長期戦になれば、絶対に勝ち目がないことは火を見るより明らかだったのだ。当時の日本のリーダーが、最初から勝てるだけの合理的な戦略もないまま戦争を始めていたのだ。

あまりにもひどい話なのだが、じつは、同じようなことがずっといまでも日本の会社で引き継がれている。

日本のリーダーたちは、いい加減に「根性論」のマネジメントから脱却するべきだ。リーダーの仕事は、「部下につるはしを持たせてこき使い、夜になったら慰労のために飲みに行く」というものではない。

やはり、自分に対しても同じであるように、部下に対しても、どこに行っても通用するだけのスキルを身につけさせることが重要だ。

上司自身が会社に〝おんぶにだっこ〟になっていては、当然それはできない。上司は自らがヘッドハンティングされるような人材を目指し、部下もまたそのような人材になれるように導くべきだ。

そうすれば、実際に転職しなくても、独立しなくても、人の上に立つための源泉を自らの中に育てることになる。そして、やがて会社の中で頭角を現して大きな力を持つようになるだろう。

5 上司は、仕事の〝根本治療〟ができるドクターたれ

一流の上司が仕事で起こる問題を次々と解決していけるのは、物事を「単純化」できるからだ。

一方、二流の上司は「細部」にばかりこだわり、どうしても問題を複雑にとらえがちだ。だから打つべき手が見えずに、判断するのが遅れて対応が後手に回ることになる。

しかし、「単純化する」というのは、それほど簡単なことではない。なぜなら、仕事で起こる問題というのは、一つ起こると別の問題と連鎖して、だんだんと複雑化し

ていくものだからだ。

たとえば、私が日本のトリンプに来たとき、「ソフトの在庫引き当て」に関する問題があった。これは「バッチシステム」と呼ばれていたもので、その日に取った注文を自動的に取りまとめて、それを夜、コンピューター上の在庫に引き当てることになっていた。そして、翌朝になったら前日に取った注文分の在庫が倉庫から出荷される、という仕組みだ。

ところが、このシステムには問題があった。顧客から「すぐに商品がほしい」という要望を受けると、営業の人間は売上がほしいから、明日まで待ってなどいられない。物流センターへ直接行って、「これを持っていくから」と、その日のうちに商品を持っていってしまうのだ。

しかし、これをやってしまうと、ソフトが引き当てる理論在庫と実在庫が合わなくなってしまう。とくに出荷の多い売れ筋商品ほどそういう事態が頻繁に起こるから、倉庫のほうでは在庫の誤差の大きさに悩むことになった。何度も何度も在庫の棚卸しをして、確認しなければならない。

そこで「営業が勝手に持っていくのを何とかしてほしい」という倉庫からの強い要望が起こり、「営業の物流センター立ち入り禁止」という措置が取られた。

すると今度は、「せっかく注文のあった商品が翌々日まで届かないのでは商機を逃す」という問題が発生した。当然、営業からは「何とかしてくれ」という声が上がる。現実に売上も落ち始めた。

では、どうしたかというと、営業が在庫商品を物流センターから持ち出すときに、「翌日に出荷されますよ」という「仮処理」をする伝票を起こさせることにした。営業は倉庫に入ってもいいし、商品を持ち出してもいいが、そのときに伝票だけは必ず書く、というルールをつくったのだ。もちろんコンピューター上の在庫と実在庫は合わないが、伝票があれば、次の日にきちんと辻褄《つじつま》を合わせることができる。

■現場感覚を持ちながら、「木」ではなく「森」を見よ

これで万事うまくいったかというと……現実にはうまくいかなかった。辻褄は確か

に合うが、今度は伝票の処理に大変な労力を強いられることになったのだ。商品の種類がたくさんあるので、伝票の数が多くなるとミスが出やすくなり、再び在庫数が合わなくなった。そうなると、また棚卸しの頻度を上げる必要が出てきて、「やっぱり営業の持ち出しを禁止してほしい」ということになった。

まるで堂々巡りであった。どうしてこうなるかといえば、「個別」の問題にとらわれ、「全体」をシンプルにとらえていなかったからだ。

今回の一連の問題が起こる過程では、たくさんの個別の問題があった。

・出荷が遅い
・在庫が合わない
・営業が勝手なことをする
・物流の負担が大きい
・売上が落ちた

しかし、全体を見れば、問題の根源は、「その日に取った注文の在庫が、その日の夜に引き当てられるシステム」にある。だとすれば、お金をかけてでも、即時に在庫の引き当てができるような、オンラインの同時処理システムを構築すればいい。それですべてが解決すると考え、大きなコストをかけることになったが実行した。そして、実際にすべての問題を一気に解決することができたのだ。最終的には、即日出荷が主流になることにもなった。

簡単な話だが、こういったトラブルは現場で問題に直面していると、なかなかその本質が見えにくい。

なぜなら、現場の最前線にいる人間は、根本の問題を解決するよりも、目の前の個別の小さな問題の解決を優先してしまいがちだからだ。

そんなときこそ、リーダーの出番である。

リーダーは、もちろん現場感覚を持っていなくてはならないが、それと同時に「木」よりも「森」を見る感覚も持っていなければならない。

リーダーとは、何か問題が起きたとき、「対症療法」ではなく、「根本治療」ができる優秀なドクターでなければならないのだ。

6 「お隣」と張り合うようではよきリーダーになれない

一流の上司は、「全体最適」で物事を考えられる人だ。「全体最適」で物事を考えるというのは、つねに大局的な立場から、広い視野を持って組織やチーム全体を見ることができる、ということ。その上で、判断し、行動し、人を動かすのだ。

一方、二流の上司は、「部分最適」でしか物事を考えることができない。視野が小さく、狭く、自分のことしか考えられない。一言でいえば、レベルが低いのだ。はっきりいうと、上司失格である。

「部分最適」が優先されると、組織全体が非効率化し、利益が阻害される。たとえば、開発部と営業部が対立し、足の引っ張り合いをしていて、それが効率性や生産性を阻害し、売上を低下させている、というのはよくある構造だ。

私もこれまで、そういう場面に何度も遭遇した。たとえば、私が日本のトリンプに最初にやってきたときは、マーケティング本部長という肩書きだったのだが、まずぶつかったのは、セクショナリズムどころか、同じ部内での足の引っ張り合いだった。

かつてトリンプのＰＲキャンペーンで、芝の増上寺でブラジャーの法要供養をする、というユニークな企画があった。

この企画を発案したのは、一人の若い女性社員だった。トリンプでは当時、下着メーカーなのにもかかわらず管理職クラスは男性ばかりだったのだが、彼らが皆、これに反発したのだ。

その女性社員が生意気と思われていたのも原因だったようだが、「雨が降ったらどうするんだ？」などと、反対意見が出るばかりで、誰も応援しようとしなかったのだ。結局、その女性社員の頑張りもあって、何とか実現することができた。そのイベントはとても話題になり、キャンペーンは成功だった。

■会社の人間は無条件に「仲間」である

世間では、社内における競争意識の重要性をことさらに説くリーダーもいるが、私にいわせれば、まったくおかしな話である。

会社というのは、協力し合って一つの大きな目的を達成するための組織だ。同じ組織で働いている人間は、無条件に「仲間」であり、「同志」なのだ。協力し合うべき者同士が足の引っ張り合いをして、いいことなど一つもない。

とくに上司の立場であれば、「全体最適」を考えず、「部分最適」を優先して仲間同士の競い合いに関わっているようでは失格だ。

それよりも、組織の「タガ」をきちんと締めて、組織全体にとってプラスであることを考えなければいけない。

よく、縦割りの組織には弊害があるなどということがいわれるが、それは違う。なぜなら、組織というのは縦割りが当たり前だからだ。

その縦割りのシステムに則った上で、上司はその立場に応じ、ステージの上からチーム全体を見下ろす視点をつねに持っていることが重要だ。

「お隣」の人間と張り合っているような人間には、上司の資格はないのだ。

7 なぜ、二流の上司には〝隠し事〟が多いのか？

上司の条件として重要なものは何か、と問われれば、私は「自信があることだ」と答える。

自分に自信のある上司は、「オープンマインド」で日々の仕事に取り組み、部下とも明るい態度で接することができる。組織やチーム全体を前向きな雰囲気にする。そういう雰囲気の中にいる人たちのモチベーションは高い。だから、生産性の高い仕事ができるのだ。

オープンマインドで部下に明るく接する、といっても、決して「部下に甘い」ということではない。

一流の上司は決して甘くない。むしろ非常に厳しい人間が多い。しかし、それは、「部下」に対して厳しいのではなく、「仕事」に対して厳しいのだ。そして「自分」に対しても厳しい。

だから部下は、ときに厳しく叱責されたとしても、その上司に従えば「結果が出る」ことがわかっているから、信頼してついていこうとする。

それに対して、二流の上司は、自分にも仕事にも甘い。そして、部下の失敗や結果が出なかったことに対してキツく当たる。

そんな上司は信頼されないし、尊敬もされない。当然の結果として、チーム全体、組織全体の成績も上がらない。

私は、トリンプの社長時代から変わらない信念を持っている。それは、一つの仕事を完遂する、一つのプロジェクトを成功させる、ということにおいては、上司も部下もなく、同じ「対等」な立場だ、ということである。

上司と部下で違うのは「役割」だけである。

自分の仕事力に自信がある上司は、「自分のほうが立場が上だ」「私のほうが偉い」などと主張したりはしない。する必要もない。よりよい仕事をするために、相手の意見にも真剣に耳を傾け、対等な立場で部下と議論をし、その上で最終的には自分の責任でもって指示・命令を下す、という自分の「役割」を果たそうと努める。

ところが、自信がない上司は、自分の仕事力にも自信がないため、「肩書き」を振りかざすことで部下たちの優位に立とうとする。

こういう上司は、よりよい仕事をすることより、自分の立場を守ることを優先する。そのため、嘘やまやかし、ごまかしが多くなり、自分をオープンにすることを恐れるようになる。その結果、隠し事が多くなるのだ。

そんな人間が、リーダーシップを発揮することなどできないだろう。

■ジャック・ウェルチが教える「リーダーの条件」

二〇世紀最高の経営者の一人とされる、ＧＥ（ゼネラル・エレクトリック）の元Ｃ

ＥＯジャック・ウェルチは、リーダーの条件として「四つのＥ」を挙げている。

①エネルギー（Energy）＝自分自身のエネルギー
②エナジャイズ（Energize）＝周りにエネルギーを降り注げる能力
③エッジ（Edge）＝厳しさ
④エグゼキューション（Execution）＝実行力

私はこれに、次の「五番目のＥ」を加えるべきだと思っている。

⑤エシック（Ethic）＝倫理・道徳

いずれにしろ条件の最初には、「エネルギー＝自信」が挙げられ、結果としての「オープンマインドな明るさ」が二番目の「エナジャイズ」となって周囲に発露される。三番目の「エッジ」にしても、四番目の「エグゼキューション」にしても、私がこの項で述べてきたことは、ジャック・ウェルチの考え方にもピタリと一致しているといえるだろう。

さらに加えれば、「隠し事をしない」ということにおいて、「エシック」を持っていることは、リーダーにとって非常に重要な条件である。

「損失隠し」が明るみに出たオリンパスとか、福島原発の事故を経て、いまなお様々な情報を隠蔽し続ける東京電力など、あまりに倫理観に欠けてしまっている事例ばかりが目立つ。

東電などは、国会事故調が調査に入ろうとしたときに、すでに建物の内部には明かりがさし、照明も入っていたにもかかわらず、「まだ真っ暗で、中に入っても何も見えない」と虚偽の説明をして調査員を立ち入れさせなかったことも明るみに出た。ここまで行くと、もはやモラルは完全に地に墜ちているといわざるをえない。

私はこれまで、残業をしない・残業をさせない働き方や仕組みづくりの重要性を提唱してきたが、「うちも残業ゼロを実践しています」といいながら、内実は隠れ残業が行なわれていて、社員にタダ働きを強要しているような会社が多いのだ。

その昔、日本には誇り高い「武士道」があり、世界から見本とされるくらいに倫理観は高かったはずである。その日本が倫理観を失ったときから、失墜は始まったのかもしれない。

日本のリーダーは、いまこそ「原点」に立ち戻るときではないか。

8 仕事は「成功するまでやれば、必ず成功する」

仕事ができない人というのは、厄介な問題に直面すると、すぐに「できない理由」を見つけ出して、目の前の問題を投げ出してしまいがちだ。

しかし、上司たるもの、それではいけない。

厄介だろうが、複雑だろうが、難しかろうが、その問題解決のためにあらゆる手を打つのが上司の役割である。

私自身、現役の経営者のときは、厄介な問題にぶち当たってばかりであった。確かに私のプロフィールだけを見れば、「トリンプの社長時代に一九期連続増収増益を達成」などと書かれており、さも順風満帆だったように思われるかもしれない。しかし、そこに至るまでの道のりは決して平坦なものではなかった。

私がトリンプに入社したのが一九八六年。次の年に副社長になるが、百貨店は九一年、スーパーは九六年をピークに売上は減少していくこととなる。

そんな中、九二年に私が社長になったわけだが、当時の状況を見る限りでは、そこから連続増収増益などというのは不可能な話であった。百貨店、スーパーの中でのシェアを広げれば当面の売上は上がるかもしれないが、そんな対症療法ではすぐに限界が来ることはわかっていた。

ならばどうして増収増益が可能になったのかといえば、まったく新しい販売チャネルである直営店を立ち上げて売上の増強を行なったからだ。「アモスタイル」という独自の低価格ブランドをつくり、その直営店をつくったのである。

たとえば、二〇〇五年のトリンプの売上を見ると、五二四億のうち、「アモスタイル」の売上は一七〇億で、三割以上を占めている。

■やる、と決めたら石にかじりついてでもやる

じつは、「アモスタイル」という独自の低価格ブランドの直営店をつくるのも、決して簡単なことではなかった。

トリンプという会社は世界中にあるが、どの国のトリンプを見ても、すべての商品にトリンプロゴがついていて、独自ブランドをつくった会社なんかなかったし、直営店の経営など一切行なっていなかった。しかも、トリンプの当時のオーナーはといえば、半ばワンマンともいえる豪腕で知られていた。私が新規事業を始めたいと提案しても、すんなり通るとは思えなかった。

ならばどうしたかというと、一言でいえば、私の責任のもとで、独断で始めてしまったのである。

もちろん、リスクはあった。しかし、その当時の日本のマーケットには、中国製の安い下着がどんどん入ってきていて、しまむらのような店舗で豊富な品揃えを武器に、

品質とデザイン性の高さを兼ね備えた低価格商品が急成長していた。さらには百貨店やスーパーの不振や落ち込みが鮮明となり、郊外型の大型ショッピングセンターが台頭し始めていた。いますぐに手を打たないと先がないことは、火を見るより明らかだったのだ。

だから、私は「やる」しかなかった。

当時、アジア地域のトリンプを統括していたのは、香港のトリンプであった。したがって、何か新しいことを始めるときは、まずは香港のトリンプに伺いを立てなければならなかった。

しかし、日本のトリンプは、オーナーが「俺の子どもだ」というほど目をかけていた法人であったので、ほとんどオーナーの「直轄会社」状態であった。だから香港のトリンプも、日本のトリンプに対しては簡単に口出しができなかったのである。

私は、これを利用した。またオーナーは、年に何回も来日し、しかも毎回一～二週間くらい滞在するのだが、その間は朝から夜中まで行動をともにし、その中で個人的な信頼関係を築いてもいた。

とはいえ、何といっても、日本のトリンプの売上が急成長し続けていたことが、その礎になっていたことはいうまでもない。

「全責任は自分が取る」

こうして「アモスタイル」の事業をスタートさせ、四、五店舗目ができて自信が持てたときに初めてオーナーに報告したのだ。「ここまでやってしまった以上は仕方がない」ということで、オーナーからは渋々ＯＫをもらった。

もっとも、彼は本当は私の動きを初めから知っていて黙認していたようなフシもあったのだが、結果的にこの事業は成功し、その後、様々な国のトリンプが日本を真似て、トリンプブランドでの直営店を出すことになった。

私はよく、

「成功するまでやれば、必ず成功する」

といっている。

京セラの創業者・稲盛和夫さんの言葉にも、

「世の中に失敗というものはない。チャレンジしているうちは失敗はない。あきらめたときが失敗である」

というものがある。

エジソンの言葉にも、こんなものがある。

「人生に失敗した人の多くは、あきらめたときに自分がどれほど成功に近づいていたかに気づかなかった人たちだ」

やると決めたら腹を据え、「結果が出る」まで石にかじりついてでもやる。

一流のリーダーは、「結果が出る」までやるから、失敗することはないのだ。

9 「現場」から考えれば、必ず正しい答えが出る

リーダーは、積極的に「現場」に入るべきだ。

私が知り合った二代目社長の中には、バカにされるのを恐れ、二の足を踏んで、とかく現場に行かない傾向がある。だから私は、彼らに会うたびに、「現場に入れ」といい続けている。

どんなに有能で、アイデア溢れるリーダーであっても、「現場」がわかっていなければ、その能力やアイデアは現場に則ったものにならない。現場の第一線で働いている人間とマッチングしないので、それでは成果はおぼつかないだろう。

「自分が直接出向くのは格好悪い」などと、机でふんぞり返っている人間が、一流のリーダーになれるわけがない。

「現場」にもいろいろあるが、会社にとって究極の現場は、エンドユーザーであるお客様との接点になるところだ。トリンプのような下着メーカーの会社であれば、店頭である。

私は、そこを「通信簿」と呼んでいた。なぜなら、物流、生産、倉庫業務、商品開発、宣伝・広報、さらには人事・総務まで、すべての結果が「店頭」に表れるからだ。ホンダにしてもトヨタにしても、「三現主義」といって「現場で、現物を、現実に」ということをうたっているが、要するに、「つねに現場を見て本質に立ち戻れ」ということだ。

実際に、現場に行けば、そこには圧倒的な量の「情報」がある。商品の陳列にしろ、お客様の出入りにしろ、店員の対応にしろ、現場にあるのは、「逃れようのない会社の現実」である。

したがって、「現場」を意思決定のベースにすると、不毛な議論や、くだらない対立の多くのことはおのずと除かれる。現場と同じ視点で、同じ情報で、同じ目的で組織やチームの皆が意見を交わし合えば、必然的に同じ結論に達するはずだからだ。

逆にいえば、机上で空論の域を超えない意見を交わし合っている限り、いつまで経っても話が噛み合うことはない。

先に述べた、二代目社長というのは、たいがいいきなり組織の上に据えられているから、「現場」から考え、判断し、実行する、ということを学んでいないことが多い。ただし、二代目社長でも、それまで他の企業に勤め、そこで「現場のロジック」を叩き込まれた経験がある人間であれば、うまくいく可能性は飛躍的に高くなる。

■私がトリンプで真っ先に手をつけたのも「現場」だった

私自身も、やはり、トリンプ時代に「現場」を重視した経営を行なっていた。

私が社長の時代、東京地区の大型店の現場のチーフが全員、月曜日に集まり、会議をする仕組みをつくった。また、お客様の声を直接聞くためのインタビューを定期的に行なったりした。

　ただそんなこと以前に、私は、時間があればしょっちゅう、店頭に行ったり、物流の現場を訪問したりしていた。とくに掛川の物流センター（倉庫）には、毎週木曜日には定期会議を開くため、訪ねていた。

　そもそも私が、八六年にトリンプに入社してから真っ先に変えたのも、やはり「現場」だった。なぜか。その必要性は明らかだった。

　女性の下着という「清潔感」が第一の商品を売っているのに、什器は古ぼけて汚れているし、店頭は何だか薄暗い。おまけに商品を売るアドバイザーの女性の制服もダサい。これで売上が上がるほうが不思議だった。これらを一変しなければ、お話にならなかったのだ。

　問題は、お金がかかることだ。全店で什器の新調をすれば何億というお金がかかるし、ユニフォームを変えるのも、全員分を合わせれば大変なお金になる。だから手をつけられず何年もそんな状態が放置されてきたのだろう。

　そこで私が考えた解決策は、その二つをリースでまかなうことだった。トリンプの社内規則では、日本の税法とは違い、その年にかかった什器の経費はその年の経費として金額を計上するルールになっていたので、リースであればそのルールから逃げることができた。三年のリースにすれば、一挙に三倍の改装ができることになる。

さらには制服までリースというのは前代未聞だったが、リース契約ですべての制服を一新して、三年契約にすると一年にかかるコストは一〇〇〇万円となるので、これもやり切ることができた。

こうして、まずは「現場」から改革していくことで、トリンプの業績はこれ以後、急上昇していくことになったのだ。

多少、社内的にはモラル違反的なことがあることは率直に認めるが、まずは潰れそうな会社の売上を上げることが何においても重要であった。それも現場の感覚から出てくる判断であったと思っている。

繰り返すが、会社の問題も、そして成果も、すべては「現場」に表れる。

リーダーは、積極的に現場に入り、現場から物を考え、判断し、行動しなければならない。机でふんぞり返っているようでは、お話にならないのだ。

10 リーダーシップとは、組織の「タガ」を締めること

「ボトムアップ」「トップダウン」という言葉がある。

「トップダウン」というと、日本では「強制的」「一方的」というイメージがあり、悪いことのように考えられがちだが、これは大間違いだ。

「組織はトップダウンで動くもの」が正解であり、これは、いつの時代でも変わらない根本的なルールだ。

最近、よく使われるようになった「CEO」という言葉がある。この意味を正しく認識している人は、どれくらいいるのだろうか。

ＣＥＯは、「チーフ・エグゼクティブ・オフィサー」の略で、「エグゼクティブ」は「エグゼキュート」から来ている言葉だ。

その意味は、「実行する権限を持った」ということ。つまり、組織の中心になって何かを「実行」する人が「ＣＥＯ」なのであり、いい換えれば行動のすべてにおいて中心となっていなければいけない。一番偉いからＣＥＯ、というわけではないのだ。

究極的な組織といえば、やはり、軍隊だろう。しかし軍隊は、厳しいから究極的なのではない。軍隊というのは、どんな状況の変化に対しても、迅速に対応ができなければいけない。そうでないと戦場では、自分のみならず、大勢の仲間の死が待っている。そういう意味で究極的といえるだろう。

だからこそ、軍隊では、トップダウンの命令に対して厳格なのだ。従わなければ軍令違反で、ときには死刑のような厳しい処罰が行なわれることもある。

上司のリーダーシップに対して、部下が命令に従う能力のことを、「フォローワーシップ」という。

「フォローワーシップ」とは、「上からいわれたことを、無条件に、一〇〇パーセントやり切る」というのが基本だ。

では、組織に「ボトムアップ」がまったく必要ないのかといえば、もちろん、そんなことはない。軍隊ならともかく、とくに会社のような組織では自由なボトムアップがあっていい。

ただし、それは、トップダウンの「対義語」として存在するのではなく、上司からの「あなたに任せた」という指示に対して、部下は「任されたことを、自分の能力とアイデアでもって一〇〇パーセントやり切る」という形であるべきだ。

そして、その結果の責任については、すべて上司にあるのはいうまでもない。だから、任せ切りというのもまずいので、重要なタイミングにデッドライン（＝締め切り）を引き、クロスチェックを入れていくのだ。

■部下に勝手なことをされるのは三流の上司

「トップダウン」があってこその「ボトムアップ」だといったが、日本の会社の上司にはそこをわかっていない人が多い。だから組織全体の意思を目的に向かって一つにまとめることができないのだ。

「タガが緩む」という言葉がある。この「タガ」とは、桶や樽を締めつけている金属の輪のことだが、これが外れてしまうと、各パーツはバラバラになって壊れてしまう。

上司は必ず組織の中で、「タガ」の役目を果たしていなければいけない。

したがって、「部下が勝手にやったことなので自分は知らない」とか、そんなことがあってはならない。

部下に勝手なことをされた時点で、それは、上司の責任だ。「リーダーシップが機能していない」ということの証明に他ならないのである。

簡単な例を挙げると、たとえばある会社で、フレックスタイムが導入されたとする。フレックスタイムということは、社員が自分にとって都合のいい時間に出退社していいということだ。労働時間の短縮とか、業務の効率化、あるいは社員一人ひとりのワークライフバランスを確立させるということが目的にあるのだろう。

ところが、フタを開けてみると、いままで九時出社だったのが、今度は皆一〇時の出社になっただけ、という事態が起こったりする。

どうしてそうなるかといえば、まずは残業が多いので、せめて朝はゆっくり、と考えることと、全員が出社していないといけないコアタイムが一〇時に始まるからだ。

これでは目的がまったく果たされていないから、本来であれば上に立つ者がしかるべき手段を取らなければならない。ところが、ほとんどは放置される。

ということは、トップもフレックスタイムを導入する意味がわかっていないのだ。つまりは組織がバラバラで、完全に「タガ」が外れてしまっているわけである。

フレックスタイムの導入などたいしたことではない。そう思われるかもしれないが、一事が万事なのだ。こうした組織では、他のどんなことでも、全体がまとまらない可能性が高い。

組織とは、「トップダウン」が前提である。

人の上に立つ者は、このことを肝に銘じて、組織全体の意思を目的に向かって一つにまとめる「タガ」の役割を果たさなければならない。

2章

部下を半人前に扱っていないか？

——部下の仕事にあれこれ口を出すな

1 二流の上司は、「最後は結局、自分でやる」

できる上司と、できない上司の大きな違いに、「部下に仕事を任せられるか」「任せられないか」がある。

部下に仕事を任せられない上司、すなわち、できない上司が決まっていう台詞は、「自分でやったほうが早い」だ。

そんなことは、キャリアの違いがあるのだから当たり前のこと。私にいわせれば、「自分でやる」というのなら、そもそも「上司なんかになるな」という話だ。上司の役割がまったくわかっていないといえる。

上司が自らやってしまった場合、部下の成長はゼロだ。

そして、上司としての自分の成長もゼロなのだ。

よく「部下を教育するのが上司の役目」というが、職場は学校とは違う。上司が先生になったつもりで講義をしたって、部下の仕事力を伸ばすことはできない。部下を伸ばすためには、「教育する」のではなく、「場を与える」こと。これしかないのだ。

部下に「仕事を任せる」ということは、まさに「場を与える」ことだ。

部下に難しい仕事を与えたら、手間暇もかかるし、時間もかかる。小さな失敗を繰り返すかもしれない。

ただ、その過程こそが仕事力を鍛えていく源泉であり、その仕事を最後までやり切ったときに初めて実力がつき、自信が生まれ、成長する。

部下に仕事を任せられない、という上司は、最初から部下を成長させる役割を放棄しているのと同じことなのだ。

いまの日本の若いビジネスパーソンには、上司からの指示待ちに終始し、いつまで経っても自立できない人間が多い。部下も部下なのかもしれないが、責めを負うべきは、部下のレベル、仕事のレベルに従って段階的に仕事を任せていくことをしていない上司だと私は考える。

要するに、部下のレベルというものをきちんと把握していないのだ。一流の上司になりたければ、「仕事の任せ方」をまず学ばなければならない。そうしないと、上司はいつまでも「仕事ができない部下」を抱えて、自分が苦労することになるのだ。

■部下を育てるのは「上司」ではなく「仕事」である

正しい仕事の任せ方というのは、一体どのようなものだろうか。

理想的なのは、部下の実力よりも少し上のレベルの仕事――部下が何とか自分の力で判断・実行することができ、ときには小さな失敗を招くであろうレベルの仕事を任せることだ。

そういう仕事を、段階的にレベルを上げながら与えていくことで、部下は着実に仕事力を磨いていくのだ。

ところが、そのような仕事を部下に与えたとしても、日本の会社では、「ホウ・レン・ソウ」（報告・連絡・相談）などといって、上司がいちいち部下の仕事に干渉しがちだ。そして結局は、部下に自分の力でハードルを乗り越えさせないことが多い。

たとえば、あるプレゼン資料を部下につくらせるとする。日本の会社の多くの上司は、全体像を示さず、ただ「こういうものをつくれ」と部下に曖昧に命じ、持ってこさせる。

そして「ここをこう直せ」と要求し、部下はその意図がわからないまま上司の指示通りに修正をする。そんなことを何度も繰り返す。その結果、部下に身につくのは、エクセルやらパワーポイントの操作法だけ、ということになる。これでは、レベルの高いプレゼン資料を自分で考え、つくり上げる力はつかないだろう。

そうではなく、「この資料は、こういう目的で、こういう相手に対して、このように説得するために使用するものだ」という全体像を事前に明確に説明すべきだ。

その上で、見本を見せて、あとは部下の創意工夫に任せ、部下が最善だと思う資料ができるまで口出しはしないことだ。

結果的に出来上がるものが、上司の想定するものと違うこともあるだろう。しかし、その資料をつくる意図、全体像がつかめていれば、なぜいけないのか、どこが悪いのか、どう修正すればよくなるのかがわかるし、上司からの修正指示に納得もできるし、学ぶこともできる。

部下は、「いや、そういう目的なら、自分だったらこうするけどな……」と思うかもしれない。それならそれでいいのだ。そういうことを積み重ねながら、最終的には、部下は自分なりの仕事のやり方を確立していくはずだ。上司では考えられなかったようなレベルの高い資料をつくることも、いずれはあるかもしれない。

繰り返すが、「部下を教育するのが上司の役目」というのは間違っている。部下を育てるのは「仕事」そのものであり、その仕事をするための「場を与える」のが上司の役目なのである。

■二流の上司は、部下を〝大失敗〟させる

できない上司は、「おい、あれやったか？」「これはできたか？」「どうなった？」「おい、あそこに問い合わせたか？」などと一日中、部下に何かを確認している。

部下の管理をしているつもりかもしれないが、じつは肝心のことをしていない。それが何かといえば、「部下の仕事の着地点を確認する」ことである。

「ホウ・レン・ソウ」が好きな上司は、部下を駆り立てはしても、「部下がどこに向かっているのか」を見極めようとしない。

これでは、結果的に「放任」しているのと同じことである。こういう上司の下にいる部下は、やがて何か大失敗を犯すことになる。

先に述べたように、一流の上司は、細かな「ホウ・レン・ソウ」など行なわない。しかし、「部下がどこに向かっているか」は、明確に把握するようにしている。そのために重要なのが、「デッドライン」を決めることである。

最初の「デッドライン」が来た時点で、部下の進捗状況が悪かったり、思う結果が出ていなかったりするという問題をつかむ。そこで、素早く的確な修正を加えるから、部下は最後には大きな結果へ自力でたどりつくことができる。結果、部下は仕事への手応えを感じ、自信を持って次のステージへ進んでいけるのだ。

そして上司はあくまでも部下を「手伝った」というだけの立場に立って、すべての功績を部下のものにしていくのだ。

そうした関係をつくることで、上司と部下の間に信頼関係が生まれていく。

部下の仕事にいちいち細かな指示を出す上司は、部下思いの上司を演じているだけで、結局は自分の責任分野で目先の問題が起きないことしか考えていないのだ。できる上司ならば、自分の役割を明確にわきまえているから、そんなことには目を奪われない。

部下がどんどん育ち、結果を出すようになれば、その上司も評価されるのだ。

上司はどっしりと構え、仕事を上手に任せながら、部下の成長を見守っていればいいのだ。細かいことに口出しをして、部下の成長の機会を奪ってはならない。

2 部下に教えるべき、〝仕事の喜びの頂点〟とは?

部下に対しては、結果だけでなくプロセスも褒めなさい、などとよくいわれるが、これは上司としては間違いだ。

仕事というのは、あくまでも「結果を出す」ことが目的である。「結果」がすべてである。したがって、部下の「努力」を褒めるのは、二流の上司であり、一流の上司は、部下の「結果」のみを褒める。結果を出したこと以外に何か別の評価基準があってはならないのだ。

厳しい話に聞こえる方がいるかもしれないが、じつは「努力を褒める」ことには弊害が多いのだ。

とくに日本には、結果よりも努力に価値を置いてきた長い伝統がある。この価値観はいまでも脈々と残っていて、日本の会社で残業がなくならないのもそのためだ。定時きっかりに帰る人間よりも、真夜中まで居残りをして仕事をするような人間が評価されてしまうのだ。

しかし、いうまでもないが、「働く」ことが仕事の目的ではない。「結果を出す」ことが仕事の目的なのだ。したがって、本来であれば、同じ仕事をより早く片づけた人のほうが褒められるのが当然だし、結果を出した人のほうが評価されるのが当然である。

部下は、プロセスで評価をされると、その時点で満足してしまう。すると、最後まで仕事をやり遂げる意志が弱まるのだ。こういう部下は、仕事を途中で投げ出しがちな人間になる。

仕事は完遂し、結果を出して初めて評価される。その判断基準が明確にされていると、部下は仕事を途中で放棄したりはしない。何としてでも、最後までやり切るのだ。

■最後までやり抜く部下の育て方

もちろん私は、努力をするのが「いけないことだ」といっているのではない。それどころか、仕事を完遂させるには、ときに血のにじむような努力が必要になることもあるだろう。

上司の役目は、向かうべきゴールを正しく、明確に示して、そこに到達するまでの部下の努力をバックアップし、持続させること。そして、努力している「現在」より、ゴールにたどりついたときの「未来」の喜びを教えることだ。

ギリシャ神話に、神々を欺いた「シーシュポス」という人物が登場する。彼はその罪によって罰を受けるのだが、それは巨大な岩を山頂まで運び上げるというもの。この岩はあと少しで山頂に届くというところで、下まで転がり落ちてしまう。

するとシーシュポスは、またゼロに戻って、再び岩を運び上げなければならない。この苦行が永遠に続くわけである。ちなみに「シーシュポスの岩」という言葉は、

「永遠に終わらない徒労」の意味で使われている。

何ともむごい話だが、仕事というのはある種、そのような性格を持っている。結果を出さない限り、まるで永遠の徒労のようにも思えてしまうものなのだ。

このシーシュポスの話を、私は楽天の三木谷浩史社長のリンクトインで知った。また彼は、そこで、仕事上の「ピーク」をきちんと見定め、そこに上ったら、また次の問題を見据える形で成長していかねばならない、と述べている。

まさしくその通りで、そんな「ピーク」を部下に示してあげることこそ、上司本来の役割だ。

もし、上司が部下の「努力」の段階にばかり焦点を当てると、部下は仕事の「ピーク」を見極めることができず、「シーシュポスの岩」のような状態になってしまうのではないだろうか。

ゴールする（結果を出す）ことが喜びの頂点であることを見出せない限り、努力を褒められたとしても、実際にゴールしているわけではないから、部下の仕事は「徒労」も同然になる。

いま、ビジネスを取り巻く環境は厳しさを増していて、結果を出さなければ、生き残れない時代になっている。

だから、上司から褒められる・褒められないにかかわらず、どんな状況でも自分には厳しくあって、何とかして目の前の壁を突破し、結果を出していける人間にならなければ、やがて誰からも必要とされない人間になってしまう——というその「事実」を、上司は部下に伝えなければならないと考える。

3 上司は、部下にとっての「生きた教科書」になれ

最近は、部下を「叱る」ことを否定する傾向もあるが、私は否定しない。

ただし、叱るのであれば、部下が納得できるように、論理的に叱らなければならない。

ただ感情的に「怒る」のは、二流の上司のやり方だ。

そういいながら、じつは私も、昔はついつい感情に任せて、部下を叱るのではなく怒っていたものだ。大声を張り上げたこともあったし、「バカ野郎！」という言葉は絶対使わなかったが、「バカモン」とか「豆腐の角に頭をぶつけて死んでしまえ！」とか、ひどい発言もずいぶんしたように思う。面白いのは、その両方とも、高校の先

生から習った表現であることだ。

ただし、そのときわかったことは、そんなふうに感情的に怒っても、結局は何のメリットもないということだ。せいぜい一瞬のストレス発散になるくらいで、むしろそのあとでイヤな気持ちになることのほうが多い。

感情的に怒られた部下は、たいていは反発するか、意欲を失ってしまうかだ。とくに仕事で失敗したときのような場合であれば、それを上司に報告する段階で本人は深く反省しているし、落ち込んでもいる。そこに輪をかけて感情をぶつけたところで、追い打ちをかけるだけである。落ち込んだ部下をさらに蹴落としても、逆に部下の反発心をあおることになり、いずれにしても会社全体にとってプラスになることは何もないのではないかと思う。

■上司が「考える」のではなく、部下に「考えさせる」

だから一流の上司は、部下に対し「怒る」のではなく、どうして間違っているのかを具体的に指摘し、論理的に、諭すように「叱る」。諭すように叱ることのポイントは、相手に「考えさせる」ということだ。

どこでどういう「選択」をしたから間違ったのか、どういう「判断」をしたから失敗したのか、どうすればそれを今後「防止」できるのか、しっかり考察させるのだ。

この点がしっかりできていない部下には厳しく当たることもやむをえないだろうし、報告書やレポートなどを提出させることも必要だ。

しかし、それは上司が納得するためではなく、やはり、部下にきちんと分析させ、失敗から学ばせるために必要なことである。

そしてもう一つ、分析したからよし、報告したからよしではなく、それをもとに、さらに上司も一緒になって考えることだ。

そうやって一緒に考えることで、部下はより多くのことを学ぶだろう。その上司は部下にとっての「生きた教科書」となる。

仕事に唯一の正解はないから、万全の方程式があるわけではなく、誰だって失敗はする。ただそれを感情的に怒ることで終わらせるのではなく、相手に考えさせるように叱ることで、「次の失敗」への備えにすることが重要だ。

もし、上司がせっかくそういう関係をつくろうとしているのに、そのことを部下がまったく理解せず、たとえば、怠慢、嘘、隠し事、責任放棄……といった行動をしたのならば、こういう場合は問答無用に怒鳴りつけていい。

断固として許してはいけない。

4
「締め切り」に厳しい上司の部下は、必ず伸びる

近年、ビジネスの世界では、「スピード」がますます重要になってきた。

どんな会社でも、仕事のスピードの重要性は理解しているだろう。

しかし、ただ上司が、「速く仕事をしろ」と部下にいったところで何も変わらない。部下の仕事をスピードアップさせるには、明確な「トップダウン」でもって、明確な「締め切り」を決めていくしかない。

もちろん、ずるずると延びてしまうような締め切りであれば、ほとんど意味はなさない。だから、一流の上司ほど締め切りにはうるさいのだ。締め切りに甘いようでは、

一流の上司にはほど遠い。

締め切り＝「デッドライン」の重要性は、私はこれまで何度も述べてきた。それは、単に「仕事のスピードを上げる」ということだけでなく、任せた上で「間違いを見つけ、素早く仕事の軌道修正を図る」ためにも重要だからだ。

その重要性を部下が理解すれば、部下は上司から与えられた「デッドライン」をクリアするために、自ら小さな「デッドライン」を前段階につくっていく。そんなふうにして、結果として会社全体で「デッドライン」への意識を高めていければ、仕事のスピードは「足し算」ではなく「かけ算」で加速していく。そうすれば、どれほど会社の競争力が上がるかは、いうまでもないだろう。

要するに、「デッドライン」は、時間管理や仕事の効率化の手法としてだけでなく、会社全体の力を底上げするための起爆剤にもなるのだ。

だからこそ私は、一貫してその重要性を説いているのだが、これがわからないリーダーでは、いまの厳しいビジネス環境で勝ち残っていくことは到底できないだろう。

■「締め切り効果」は、あらゆる仕事力を高める

たとえば、ある案件に対して、今日が月曜日だとして、来週の月曜日に「デッドライン」を設定したとする。

トリンプでの「デッドライン」とは、当日の朝の始業時間までだ。なぜなら朝早く会議があり、その日が「デッドライン」ならば、その会議で報告しなければならないのだ。

その会議で書類を提出する場合なら、その前日までに直属の上司には提出しておかなければならない。すると、それは週明け前の金曜日になる。トリンプは残業を禁止していたから、金曜日の夜ではダメで、夕方までということになる。

では金曜日の夕方までに提出するためにはどうすればいいのか。自分の今週のスケジュールを確認すると、月曜日から水曜日までは終日時間が取れないから、木曜日か金曜日に書類づくりに時間を割くとして、木曜日の一三時に打ち合わせが一件あるか

ら、午前中いっぱいでいったん「デッドライン」をつくる。それから……というように、逆算しながら「デッドライン」をつくり、それに従って確実に仕事を進めていくのだ。

「デッドライン」がないと、片づかなかった仕事は明日に回されるか、残業をして片づけることになる。そんな先延ばしの習慣がある人と、「デッドライン」を決めてどんどん仕事を回していく人とを比べたとき、会社にとっての戦力として圧倒的な差がつくのは明白である。

「デッドライン」は、成長面においても、モチベーションにおいても、時間効率においても、生産性においても、ありとあらゆる点で効果的に働くのだ。

5

なぜ、できない上司の話は長いのか?

一流の上司というのは、判断が早いから、話も短いものだ。

「話が短い」というのは、一流の上司になるための基本的な条件の一つといえる。「話が短い」ということは、指示・命令が明快であるということだ。そして、明快な言葉には「活力」があるから、部下のモチベーションや、チャレンジングな精神までをも育てる。

そんな明快な話し方ができ、パワーのある言葉を使える上司は、生き生きとしているから、性格も明るく、部下にも慕われるだろう。人間的魅力に加え、野性味もあるだろうから、難しい問題を前にしてもあきらめずに突破口を切り拓き、大きな仕事を成し遂げていく……私は、そんなふうに考えている。

だから私は、上司たるものは、まずは「判断」のスピードを上げて、「短く、明快な話し方」をするように心がけよ、と説いている。

そもそも「話が長い」というのは、前もって自分なりの判断ができていない証拠だ。話が長い人は、話している間に一つの方向性を探し出し、皆の合意を得ようと考えている。自分でも到着地点がわかっていないし、話の結論が見えていないのだ。それを聞いている部下だって、当然、何がいいたいのかさっぱりわからないだろう。

これでは「トップダウン」を行なうべきリーダーの資格はない。仕事の指示・命令は他ならぬリーダーが下すものであるから、話は必ず「明快」で「端的」であるべきだ。

指示が明快で端的であるというのは、「誰が、何を、いつまでに」がはっきりしているということに尽きる。まさに、「デッドライン」を設定するときがこれに当たるのだが、上司は「誰が、何を、いつまでに」をきちんと部下に理解させれば、あとは無意味な長話をする必要などないのである。

■仕事は「担当者」が一番詳しいに決まっている

「この問題はAさんのところで起こった問題だな？」

「そうです」

「問題点は認識しているか？」

「はい、わかっています」

「それをどうやって解決するつもりか？」

「これから、検討いたします」

「では、明日の朝、これの解決案を持ってくるように」


私がトリンプの社長時代に行なっていた「早朝会議」で交わされた会話は、こんな感じだった。ご覧の通り、私は一切、無駄な長話などしていなかった。「質問」をして相手から「情報」を聞き出し、端的に「指示」を出すだけだった。

その仕事のことを一番わかっているのは、現場で仕事をしている人間だ。だから私が、何かをダラダラと話す必要などない。ただ「誰が、何を、いつまでに」やるかを明確にして、「デッドライン」を決めながら進捗状況を確認するだけだ。

翌日にAさんが解決案を持ってきても、話は簡単だ。

「こういう手を打つことにいたしました。これで問題はすでに解決しました」

「そうか。解決したんだな。では明日までに再発防止策を考えてくるように」

もちろん解決案に問題があることもある。その場合でも、話は簡単だ。

「こういう形で問題に対処しようと思います」

「それだと、Bの部門との間に問題が出るのではないか？」

「わかりました。ではBと打ち合わせするようにします」

「では、明日の朝、結果を報告するように」

重要なのは、担当の部下がベストと考える案を持ってこさせ、それに対して、上司が指示・修正を加えることである。部下は、その与えられたことを踏まえて、よりレベルの高い案が出せるようになる。それこそが「成長する」ということだ。

上司にとって必要なのは「考えること」ではなく、「考えさせること」なのだ。

6

部下に「忙しそうだ」と思われる上司は二流

次ページの図は、私がよく紹介する「緊急度」と「重要度」で、仕事を四つに分けた図である。

「①緊急で重要な仕事」
「②緊急だが重要でない仕事」
「③重要だが緊急でない仕事」
「④重要でも緊急でもない仕事」

上司に限った話ではないが、仕事ができない人ほど①と②の緊急の仕事に追われが

緊急度

重要度	高い	低い
高い	①	③
低い	②	④

ちである。だから、一見すると「忙しそう」なのである。そして、周囲からはそう見られるようになる。

しかし、間違ってはいけないのだが、どんな上司も、仕事は「忙しい」のだ。しかし、緊急の仕事に追われているようでは上司失格で、①と②のような緊急性の高い仕事はどんどん部下に任せ、③と④にまで手を回さなければならない。

一流の上司は、それができるから、周りから「余裕がある」と見なされるのである。周囲から「忙しそう」と見られているようでは、上司としてまだまだ二流なのだ。

■余裕のある上司の「仕事のさばき方」

これは非常に重要な話で、たとえば、「③重要だが緊急でない仕事」には、たとえば新規事業を考えたり、組織の改善を行なったりということがある。

これらは顧客から催促されるわけではないし、ルーティーンの中にも普通は組み込まれていない。だから、放っておこうと思えば放っておけるが、しかし、問題が起きたときにはすでに取り返しのつかない事態になっているということになりかねない。

もちろん、上司自身が「実務」を担当することはない。「③重要だが緊急でない仕事」に「デッドライン」をつけて部下に指示し、任せれば、部下にとっては「①緊急で重要な仕事」になる。

この方法で、どんどん解決していけばいい。

余裕のある上司は、こうして成果を上げていくのだ。

7 手取り足取り教える上司は、部下をダメにする

これまでも述べたように、組織というのは「トップダウン」が基本だ。どんな仕事においても、最終的には上司が責任を持って判断を下さなければならない。だから上司は、部下に有無をいわさず「この仕事をやれ」「いつまでに実行しろ」と、「命令」していいのだ。

上司が「絶対」でいい。いってしまえば、その命令が正しかろうが、間違っていようが、部下には関係ない。部下は上司から命令されたことを、上司の責任下で「実行」するだけのことである。

ただ「どのようにやるか」といった具体的な実行部分は、現場で仕事をしている担当者に責任がある。問題が起こった場合でも、それがなぜ起こったかという経緯は、担当者が一番よくわかりうる立場にいる。

二流の上司は、こうした具体的な実行部分にまで「自分の意見はこうだ」「だからこのようにやれ」と介入してしまう。これが効率性、生産性、そして利益を阻害する。たとえば、現在の日本で、成績が低迷している企業を見ると、「これはどう考えてもお客からのニーズがないだろう」と首をかしげるような販売戦略が行なわれているところが多い。

そういう会社には、かつて絶賛されたような名リーダーがいることが少なくない。そのリーダーの過去の成功体験が大きいため、「俺のいうことが絶対に正しい」と自分の考えに固執し、いま現場の最前線で働いている部下たちの声を無視する。その結果、お客のニーズとのミスマッチが起こる結果となる。

本当にできるリーダーというのは、何か問題が起きたとき、「君の意見はどうだ？」と現場で働く人間に問いかけることで解決に導いていく。もちろん最終決定は自分が行なうが、あくまでその解決策は、現場の人間に任せてしまうのだ。

任せる、といっても「放任」するのではなく、きちんと「デッドライン」を決めて、その都度、きちんと確認を行ない、自分が裁決していくため、実行者である現場の人間との乖離《かいり》も起こらないのである。

部下は〝同志〟であり、〝生徒〟ではない

上司と部下は、つねに「一体」となって目標へ向かって進むべきであって、上司は決して「外部」から部下に指示を出すものではない。

だからこそ上司は、あくまでも現場から物事を考え、現場のロジックで部下を動かさなければならないのだ。「いいから黙って従え」とか、「俺のいう通りにやればいいんだ」と、部下をただ「手下」のように動かすのでは、部下は伸びない。そうした上司は、いつまでも仕事ができない部下を抱えて苦労することになる。そうなると、大きな成果など成し遂げられるはずがない。

私が昔、部下に対して、「結論はあくまでもその仕事を担当している本人に出させる」ということを貫いたのは、結果的にそれが部下を、ひいては組織を成長させることを理解していたからだ。

もちろん、私は部下より経験を積んでいるので、「もっと違うやり方があるんじゃないか?」と口をはさむこともよくあった。

それでも部下が自分のやり方を主張するのであれば、私は譲歩して、「では、それでやってみろ」と任せるようにしていた。それで部下が失敗したら、「ざまあみろ」と手を叩いていってやった。別にいじめているわけではない。失敗して、「吉越さんのいう通りだった、自分はまだ甘いな」と悟ってもらえればそれでいいと考えた。

会社にとって問題にならないレベルの失敗ならば、これほど歓迎すべきものはなく、部下の肥やしになるものはない。そうすれば次からは、必ず、よりレベルの高い仕事ができるようになる。

日本には、「上司=先生」のような意識で、まるで教育者のように、手取り足取り部下に教えて、自分の枠にはめたがる上司が大勢いる。だから精神論に走ったりして、とくに最近スポーツ界で問題になったが、パワハラのような問題が出てくる。

先にも述べたが、間違ってはいけないのは、「上司」が部下を育てるのではない、ということだ。

「仕事」そのものが部下を育てるのである。

その仕事においては、上司自身も同じ目標に向かっている「同志」であり、相談係でもなければ指導係でもない。共通の問題を抱えている、同じ「当事者」の立場なのだ。

であれば、共通の問題をどう解決するかについて、部下と同じ目線、同じ立場、同じ情報でもって「話し合い」ができなければならない。

日本人のスポーツの指導者が精神論でゴールを目指すのに対し、サッカー日本代表のザッケローニ監督のような海外でも活躍できるリーダーは、選手と話し合うことで論理的にゴールを目指す。そして問題解決型の組織をつくる。そして、どちらのほうがいい結果が出るのかは、一目瞭然である。

8

「考え方は違うが、価値観は同じ」組織をつくれ

日本のリーダーは、どうしても「古い考え方」に固執するようなところがある。

だから、前に述べた「ゆでガエル」になってしまうのだが、重要なのは、「自分とは違う考え方もある」ことを「ビジネスの情報」としてきちんと知ることだ。

そのためには、情報を「オープン」にしなければならない。

何一つ隠すことをせずにすべてオープンにして、それらの情報は組織全体、チーム全体で共有するという仕組みをつくるべきだ。

そうすれば、部下の皆が自分なりの意見を出してくるだろう。

もちろん、最後に判断を下すのは、あくまでも上司だが、情報をオープンにして、様々な考え方を総合してもっとも会社にとって正しい考え方、もっとも建設的な考え方を提示していくことこそ、まさに上司の役割になる。

しかし、いまの日本には、とかくその「考え方」がおかしい、という会社がたくさんある。

たとえば、ＩＬＯ（国際労働機関）は、一九七〇年に有給休暇に対する国際的な基準を定めている。それによると、労働者には年に一回、最低三週間の有給休暇を与えなくてはいけない。

そう聞いて、読者の中には驚いた方も多いのではないだろうか。

もちろん日本のほとんどの会社では、この国際基準が守られていない。条約を批准していないからそれができるのだが、日本の労働者はそれくらいの悪条件下に置かれているのも事実なのだ。

ちなみに、これから日本で導入されることになっているＩＦＲＳの国際財務報告基準では、有給休暇の消化残に関しては、引当金を充てなければならないルールになっている。日本は労働基準法で三年目にそれを消せることになっているが、世界中を見渡しても、そんなバカなルールは存在しない。

ちなみにトリンプは、スイスに本社を置く会社なので、もちろん有給休暇も国際基準に則っている。もちろん、日本法人もそのルールに従う。

私は、トリンプにいた時代、自身も長い休暇を取っていたし、課長以上の社員にも二週間以上の長期休暇を強制取得させていた。

最初は、なかなか長く休もうという社員が出てこなかったが、徐々に私と同様に三週間の休みを取る社員も出てくるようになった。

それがマイナスになるかというと、そんなことは一切なかった。長期休暇を取った社員は、リフレッシュ効果で人一倍の成績を出すものだ。休みがマイナスを招くことなど、まったくない。

人間の心身のことを考えれば当然のことだろう。日本人はただ、「休んだらいけない」という妙な固定観念に縛られているだけなのだ。

■リーダーが受け入れるべきこと、受け入れざること

リーダーは、様々な「違う考え方」を受け入れることが重要だが、とはいえ、様々な「価値観」を何でも受け入れろ、というのとは少し違う。

とくに私は、外国でも働いていたし、外資系企業の社長だったわけで、日本では考えられない不可思議な価値観にも遭遇した。それらを全部受け入れていたら、自分自身の仕事の哲学や人生の理念を守れなくなってしまう。

たとえば、これは極端な例かもしれないが、フランスでは現在、「同性婚」の問題が盛り上がっている。ヨーロッパでは各国で、それが法律で認められるようになってきている。

だからといって、たとえば、自分の組織の部下同士が同性で結婚するのを認めるかといわれれば、これはちょっと考えものだ。

しかもフランスでは、同性同士のカップルが養子をもらうことまで認めようとして

いるのだが、その子の将来を考えれば、これは簡単に認めていい問題ではないと私は考えている。

他にも日本を離れれば、民族の問題であったり、宗教の問題であったりと、日本人とはまったく相容れない価値観も存在する。場合によっては、「宗教が違うあの人とは一緒に仕事をしたくない」といった問題が実際に出てくるのだ。

もちろん、こうした問題に「正解」などない。社会学的には深く掘り下げて考えていくべきテーマなのかもしれないが、しかし、「職場」というのは、そういう場所ではない。お互いが協力し合うべき仲間同士で、「どっちが正しいか白黒つけよう」などとやっても意味はない。仕事にとって、組織にとってマイナスなだけだ。

だとすれば、リーダーが、「この組織はこういう共通の価値観でやる」という姿勢を明確に示すことが重要だ。「それに賛同する人間だけを必要とする」ということを徹底的に貫かなければならない。

9 「言葉の力」「伝える力」を磨いているか？

よく部下からの不評を買っている上司に、「上からの命令をただそのまま下に下ろすだけ」という人間がいる。

「どういう意図でそういう指示が出たのですか？」と部下が質問をしても、「お前らはいわれたことをただやればいいんだ」と、一蹴する。要するに、本当は自分も「上の人間の意図」をわかっていないだけなのだ。

皆さんは「伝言ゲーム」というのを、子どものころにやったことがないだろうか。ゲームの内容は単純で、あるメッセージを、並んだ何人かの参加者が順番にリレー方式で耳から耳へ、他の人には聞こえないようにして自分の記憶だけで伝えていく、というものだ。

最後の人に伝わったメッセージが、最初に伝えたメッセージと一致すれば勝利だが、人数が多くなればなるほど、メッセージは正確に伝わらなくなる。

もちろん、会社での伝達はゲームではないから、情報は、きちんとメモを取らせて正確に伝えることができる。ただし、その「意図するところ」だけは、きちんと言葉の意味を理解した上で、相手にもその言葉の意図するところをしっかり理解させなければならない。そうでないと、指示・命令されたことがきちんと実行されないことにもなりかねないのだ。

■やろうとしたことを〝絵に描いた餅〟で終わらせるな

よくコミュニケーションの世界では、「メラビアンの法則」について言及される。

メラビアンの法則とは、コミュニケーションを取る上で、相手に影響を与える要素を数値化したもので、「言葉」が七パーセント、「声の調子」が三八パーセント、ボディーランゲージなどの「身体表現」が五五パーセントとされる。

しかし、これは、かなり誤解されて理解されている。これらの数値は、好意や反感の感情が伝わる際の要素についてなのである。

つまり、好意や反感のメッセージ以外は、「言葉」がきちんと伝わらなければ相手に対して正確に伝達できない。要するに、組織内で伝達される重要な情報は、「言葉」の意味がしっかり咀嚼されていないと、明確には伝わらないのだ。

たとえば、「ノー残業」の重要性がこれだけ叫ばれているのに、なかなか実行されないのはなぜか。それは、「そのほうが結果として仕事の効率を高める」とか、「社員のレベルが向上し、イノベーションを起こす土台がつくられる」とか、「グローバル時代における世界基準に則る」といった、本当の意図や必要性、重要性が理解されていないまま、ただ何となく言葉だけが一人歩きしているからだ。

経営者の中には本来の意図がわかっている人間もいるのかもしれないが、社員にその目的や意図が伝わらなければ、単なる絵に描いた餅で終わってしまう。「ノー残業」

は単なるかけ声で終わってしまい、就業時間が終わっていったん電気を消しても、またすぐ点灯して皆が残業を始めてしまうような滑稽な状態が生まれてしまうことになるのだ。

要するに、リーダーの伝え方一つなのだ。

そのためには、どう伝えればその目的や意図が正確に伝わるのかをよく考え、自分の「言葉」を磨くしかない。リーダーたるもの、その訓練を怠ってはならない。

3章

世の中の変化に気づいているか？

――グローバル時代に求められるリーダーシップ

1 〝オールドタイプ〟の上司に成り下がるな

世界はいま、急速な変化を遂げている。

その中で、一流の上司というのは、やはり「未来志向」だ。新しいことに好奇心を持って情報を集める。その結果、「世の中」に対して敏感に反応し、変化に乗り遅れることがない。

先日、私は機会あって、中東のドバイを訪れた。知っての通り、この街には世界最大級のショッピングセンターや、世界で一番高い高層ビルがあり、中東の最大のハブ空港として多くの人が訪れる。以前に比べて経済の勢いは落ちているという話もあるが、ドバイに商機を見出そうとする、好奇心に溢れたビジネスパーソンが、現在も頻繁にやってくる。ホテルを予約しようとしても、いまでもなかなか簡単には取れない。

そんなドバイで、私は中国人には大勢会ったが、残念ながら日本人はあまり見かけなかった。だから日本人はダメ、というつもりはないが、心配なのは、いまの日本人には好奇心に欠ける人が多いということだ。

先述の「ゆでガエル」というたとえがあるが、いまの日本人は、このカエルのことをバカにできない。朝起きたら、新聞を見ながら朝食を食べて、歯を磨いて、服を着替えて、靴を磨いて、決まった時間に出かけていく……。

慣れ親しんだやり方が安心なのだ。ストレスがない。だから、その習慣を捨て去ることを誰もが躊躇する。

ところが、そうした変化を恐れるうちに、気がついたら「ゆでガエル」になっている、ということになりかねない。

つねに周りの変化に興味を持っていないと、大きく取り残されてしまうことになるだろう。

■〝変化〟できない組織は必ず滅びる

市場を変えるような変革を成し遂げることを「イノベーション」というが、忘れてならないのは、イノベーションによって変わった時代も、時を経ればまた「古きよき時代」になってしまうということだ。

たとえば、「プリンターをつくっている会社」というのは、近年に大きなイノベーションを起こした。つまり、「プリンターそのもの」を売って儲けるのではなく、インクの交換需要で利益を出す仕組みをつくったのだ。「いい機械をつくれば売れる」と開発を続けてきたメーカーの世界にあって、このビジネスモデルは画期的な変化でもあっただろう。

ところが現在では、古いカートリッジの器を集めてきて、そこにインクを詰めて中古で売るようなビジネスが成立してしまった。これならば特許侵害にもならないし、高い交換インクを泣く泣く買わされていたユーザーは喜んで飛びつく。

したがって、交換インクで儲けていたプリンターメーカーは立ち行かなくなる。中古販売業者を責めてもどうしようもない。順調だった状況に甘んじて、「時代の変化」を見過ごしてしまっただけなのだ。

恐竜はまさに環境に適応できなかったから滅んだわけだが、時代の変化に取り残された者は淘汰されるのが、自然の掟である。ビジネスだって、この原則の例外ではない。

組織を時代に合わせて変化させていくには、末端の社員でなく、つねに上に立つ者が時流を見ていかなければならない。

現場での変化をつねに感じていなければならないし、イノベーションが起こる前の予兆を察する必要もある。そのための根本として、「未来への興味」を持ち続けなければならないのだ。

2 あえて問題を探し出してでも改善をする

リスクばかりを恐れて「現状維持」を考えてしまうのは、できないリーダーの見本だ。そんな「現状維持」を図ろうとするリーダーの根本にあるのは何か。それは、「逃げ」の気持ちであり、「事なかれ主義」的な弱さである。

一方、できるリーダーは、つねに「改善」することを追い求める。その根本にあるものは、「ハングリー精神」であり、何があってもやるべきことを徹底して最後までやり抜く強さである。

とはいえ、人間は誰でも、目の前の現状がうまくいっているように見えると、なかなか何かを変えようとはしない。「別にいま何か大きな問題があるわけではないし」「何かを変えてかえって悪くなったら困る」と、保守的に考えてしまうのが人間心理のつねだ。

とくに年を取ると、「現状維持」に陥る人は増える。たとえば、私の知っているベテランの経営者たちの中には、いまだにパソコンが動かせない人とか、Eメールをまったく使えない人というのが案外いる。

本人は「それで困ることはない」というかもしれないが、たとえ困らなくても、こうした人たちは、メールを通じたコミュニケーションや、インターネットにともなって生まれた新しいビジネスにまったくついていけない。それで多くのチャンスを失っていることに気づいていない。

この変化の激しい時代に、「困らないからいまのままでいい」と考えてしまうこと自体、ハングリー精神が欠如しているといわれても仕方がないだろう。

少し前に、「癌になってよかった」といった内容の本が流行ったが、その中にこのようなことが書いてあった。「人間は、物を食べなくなったから死ぬのではない、死ぬ時期が来たから物を食べなくなるのだ」、と。さらには「繁殖能力がなくなるから『動物として』必然的に死ぬ時期に入っていくのだ」、という。そして、そういう話を聞くと、「最近、食べる量が減って……」などといっていた人も急にガツガツと食べ始めるのだそうだ。

この説の真否はわからないが、同じようにリーダーも、ハングリー精神を失ったら、やはり、人や組織を率いる力が急速に衰えてしまうだろう。

■「いまのままでいい」という姿勢は許さない

一流の上司は、目の前の状況を「改善」したくて仕方がない。だから、いつもイライラしているくらい、エネルギーに溢れている人が多いものだ。

日本電産の創業者である永守重信さんは、とても短気で、食事を食べるのもやたら早いということで知られているが、これも何かをつねに追いかけているような気持ちの表れだろう。

しかしそれくらいイライラしている人のほうが、間違いなく結果を出す。

一流のリーダーは、自らが先頭に立って、あえて問題を探し出してでも目の前の状況を改善していこうとする。そして、「いまのままでいい」という抵抗勢力を押しのけて、最後まで躊躇せずに改善をやり抜く。

私は、トリンプの社長時代、変えるべきことは徹底的に変えた。「いまのままでいい」という姿勢は許さず、徹底して改善していった。そのように改善を繰り返すことで会社を成長させていき、結果として一九期連続増収増益を成し遂げた。

たとえば、トリンプ時代に私が改善をしたものに、社内のコンピューターシステムがある。最初は外部の会社にシステムの開発を発注していたのだが、不具合が頻繁に出てきて、そのたびに料金がかさんだ。またコンピューターのソフトはブラックボックスになっており、自分たちで直接改善ができないため、時間もかかり、非常にイライラする状況が続いていた。

そこで私は、自社でシステムエンジニアを雇い、ソフトを開発してしまうことにした。そうすれば、自分たちで好きなだけ、やりやすいように改善していくことができる。妥協する必要もないし、外部に余計なお金を支払う必要もない。

そんな自社開発をしたトリンプの社内システムが評判を呼び、たくさんの会社から見学者が訪れた。

その中に、現在、良品計画の会長を務めている松井忠三《ただみつ》さんがいる。松井会長は、「自社開発すれば、改善のスピードは上がるし、イライラせずに済みますね」といって、良品計画でも同じようにソフトの内製化を行なった。そして、いまではその部門が独立して別会社となり、外部の発注まで受けているということだ。つまり、新規事業にまで育て上げてしまったわけだ。

このように、一流のリーダーというのは、「新しいことを」「さらに新しいことを」と、貪欲に改善を追い求める。

いま世の中は、凄まじいスピードで変化をしている。

その中で「現状維持」に甘んじるなど、まるで座して死を待つようなものである。

3 上司に「決断力」など必要ない

「リーダーは決断せよ」といったことが、よくマスコミでは取り上げられる。

もちろん、リーダーには何かを「決断」しなければならない場面もあるかもしれない。しかし、私は、「決断」をするようなリーダーは、できないリーダーの見本だと考えている。

なぜかといえば、「決断」というのは、「決して断ずる」ことだからだ。そんな「一か八か」の決断をしなければならなくなるのは、たいていが、その前の段階で「小さな判断」を積み重ねてこなかったからだ。先延ばしをして、ぐずぐずしているうちに、

「決断」しなければならないような最終局面にまで至ってしまったわけである。

一流の上司は、「決断」なんてしない。やるべきことをすぐに「判断」して実行に移しているから、一か八かの「決断」をすべき局面に至らないのだ。

ということは、一流の上司というのは、あらゆる場面で正しい判断を下す力に優れているということなのだろうか。

必ずしもそうではない。誰だって将来を完璧に予測することなどできない。だから、どんなに優れた上司でも迷うことは日常茶飯事だ。

しかし、それでも判断することを先延ばしにせず、実行に移す。そして、途中で「これではうまくいかない」と気づけば、すぐに「修正」をして、そしてまた実行を続けていく。

こうしたことを積み重ねていくことで、最後には、大きな仕事を成し遂げることができるのだ。

五年前、我が家を建てるとき、一〇センチぐらいも厚さのある設計図が出来上がってきたのを覚えている。それくらい細かい設計計画を最初に決めたということなのだが、実際に建ち上げていくと、やはり、あとからあとから変更の必要性が出てきた。

それでいいのだ。実行しながらその都度、判断しながら修正を加えていけばいいのだ。すべてを最初の計画通りにやろうとすれば、細かいところかもしれないが、結局は不満の多く残る家が建ってしまうことになっただろう。

そして、どのみち修正が出るのならば、計画段階に時間をかけず、早く実行に移ったほうがよい。そのほうが、成功する可能性が高くなる。だから、上司に必要なのは、「悩んだあげくに決断する」ことではなく、「小さな判断を重ねながら実行していくこと」なのである。

■「小さな判断」を重ね、確実に仕事を完遂する

私はこれまでもずっと、「デッドライン」(締め切り)の重要性を説いてきたが、部下に仕事を任せるときも、必ず、漏れなく「デッドライン」を決めた。

たとえば、全面的に仕事を任せるにはまだ不安のある部下がいたとする。その部下

が「こんなふうに仕事を実行します」といってきたとき、問題がなければ、「わかった。それでやってくれ」と私はOKを出す。ただし、出来上がった時点でチェックを入れるのではなく、「重要な中間時点である段階まで出来上がるのは、いつか？」と聞き、必ず中間の「デッドライン」を決める。そして、「デッドライン」が来たところでチェックをして、修正すべき点があればそこで修正をし、また次の「デッドライン」を決めて実行させていく。これを続けていくことで、部下に、仕事を確実に完遂させていくのだ。

「デッドライン」も決めず、また上司が判断に時間をかけると、部下の仕事は、どんどん完遂が遅れる。時間の無駄、労力の無駄、お金の無駄がどんどん積み重なっていくことになる。

世の中はスピード勝負になっている、即断即決・即実行ができないリーダーは確実に淘汰されてしまうだろう。

4 「みんなの利益」をどこまで考えられるか？

リーダーとは、もちろん会社を「リード」していく人間でなければいけない。

では、会社を一体どこにリードするのか？

業界全体が進んでいる方向なのか？

それでは不十分なのか？

たとえば、出版業界では、電子書籍に注目が集まっている。その中で主導権を握っているのは、アマゾンだったり、アップルだったりと、必ずしも出版社ではない。

この業界で成功しようと思ったら、出版社ばかり見ていても、やはり変化への対応が遅れてしまうだろう。出版業界の動きそのものが遅いこともある。またネットで配信されるものであれば、何も本の形になっている必要もないので、二〇〇ページ近くにまとめることもない。であれば価格は安くなるだろうし、出てくる本も数限りなくなる。

では消費者はどうやって本を探す?

各部署の上に会社があり、その上に業界があり、さらにその上に日本市場があって、そのまた上には世界市場がある。

一流のリーダーほど、上のレベルを見ながらチームや組織を引っ張っている。逆に二流のリーダーは、せいぜい会社止まりだろう。ひどいときは下しか見れず、自分の部や課しか見ていないから、そのようなリーダーの仕事のレベルも推して知るべし、なのだ。

この話で象徴的なのは、ドイツとフランスだ。じつは、二〇一三年というのは、エリゼ条約が締結されてから五〇周年ということで、ドイツ大使館に行くと、当時の写真が貼ってあったりする。

このエリゼ条約が何かといえば、当時のアデナウアー独首相と、ド・ゴール仏大統領との間で締結されたものだ。それまでずっと戦争ばかりしていたドイツとフランスだが、もうそういう時代ではないから国境を超えた付き合いを積極的に行なおうと定めたものである。

これ以後、仲の悪かったドイツとフランスは、非常に緊密な国となった。五〇年経った現在では、国際社会の中で両国はいつも共闘する関係になっている。姉妹都市は何千もあるし、ドイツ人とフランス人で国際結婚したカップルというのは、いまでは五万五〇〇〇組にも上るそうだ。実際、フランス人である私の妻の祖父は、戦争のときにドイツの毒ガス・サリンで殺されている。ところが妻は何の躊躇もなくドイツで暮らしていた。

この関係を、いまの日本と韓国、あるいは中国と比較すると、あまりにも対照的だ。やはり率いてきたリーダーのレベルの違いが、大きいのだろう。

■自分の会社さえよければいい、という危険な考え方

もう二〇年以上も昔の話になるが、私は、日本の大手スーパーが企画した、アメリカ・サンタクララ大学での夏のゼミに参加したことがある。

そこで勉強したのは、「棚割り」の概念だった。これは要するに、「棚にどんな商品を並べるか」というマーケティングの手法なのだが、驚いたのは、バーコードによる商品の売れ行きデータをオープン化して、スーパーがそのデータをすべてのメーカーに見せるようにしていたことである。

情報を公開すれば、メーカーは、どの商品がどんなところで売れているのか、すぐにわかる。増産をする際のデータになるし、商品開発にも役立つ。メーカーが売れる商品を迅速に開発してくれれば、流通業界にだって大きなチャンスが到来するだろう。

ところが日本では、こうしたデータを、ほとんどオープンにしない。とくに百貨店などでは、この傾向が顕著だ。「どこでどれだけ売れた」「何曜日はどれだけ売れた」

というデータは取るのだが、たいていは「分析」しないままそのデータを放置する。小売側の店頭のための情報源にはなっていても、メーカー側の製品開発にまで影響を与える情報源にはなっていないのだ。

これでは一時的に一つの会社の得にはなっても、業界全体や、それを取り巻く産業全体の得にはならない。産業全体が縮小すれば、たとえ一つの会社が一時的に優位になれたとしても、徐々に縮小していくに決まっている。

以前、日本の携帯電話は「ガラパゴス」などと揶揄されたことがあった。要するに、国内の狭いレベルでしか市場の趨勢を見ていなかったのだ。それでも「日本人だけは日本製を愛すはずだ」などといっているうちに、結局は国内市場ですらアップルやサムスンに席巻されてしまっている。

携帯電話のみを笑ってはいられない。現在の日本企業のリーダーは、視野が狭いし、遠慮ばかりして、血を流すような改革に踏み切らない。これが結果的に、世界の勝ち組企業を相手に連戦連敗する要因になっているのだ。

そもそも「ガラパゴス」という閉鎖的な特殊環境で起きていることは、そこに住む生物が特殊な発展をしていることが重要なのであって、その生物がつくり出した携帯電話は単なる現象にしか過ぎないことを知るべきである。

「部分最適」を優先して自分の足下しか見ないリーダーではなく、「全体最適」を優先する広い視野を持ったリーダーを育てないと、世界で戦える日本企業など存在しなくなってしまうのではないだろうか。私はそれを危惧している。

5 根拠なき〝楽観論者〟になってはいけない

リーダーの頭の中には、必ず「最悪の事態」のシミュレーションができていなければならない。決して、あとから「想定外だった」などと開き直ったり、いい訳したりしてはいけない。

未曾有の惨事を引き起こした二〇一一年三月一一日の東日本大震災。福島第一原発の事故を引き起こした東京電力は、「あんな津波が来るなど想定していなかった」と、自然の力に対して不可抗力の事故だったことをいまでも強調している。

しかし、本当に想定できなかったのだろうか。

日本が有数の地震国であることは、小学生でも知っている事実だ。「いや、地震ではなく原因は津波だ」と東電はいいたいのだろうが、じつは「国会事故調」の取りまとめでは、このような報告が出ていることに驚きを感じざるをえない。

「この地震動で、東電新福島変電所から福島第一原発にかけての配送電設備が損傷し、全ての送電が停止した。また、東北電力の送電網から受電する66kV東電原子力線が予備送電線として用意されていたが、1号機金属閉鎖配電盤（M／C）に接続するケーブルの不具合のため、同送電線から受電することができず、外部電源を喪失してしまった」

その後、津波によって「非常用ディーゼル発電機」「冷却用海水ポンプ」「配電系統設備」「1号機、2号機、4号機の直流電源」なども水没して機能不全になるのであるが、その前に「地震」とまったく関係のない「ケーブルの不具合」さえなければ、大きな事故にはなっていなかったはずなのだ。東北電力からの外部電力は受電していたと共同通信の記事にも出ている。まったく人為的不具合なのだろうが、一体どんな会社なのだろうと考え込んでしまう。

そもそも原子力発電所の安全管理は、世界では「五層の深層防護」で行なうことが常識になっている。「五層」というのは、最悪の最悪の、その上の最悪を通り越して、さらに二段階上まで考えておく、ということだ。

たとえば、福島の原発は、日本国中に放射能の灰を撒き散らした。もちろん「あってはならないこと」だが、これが世界基準では「四層目」にあらかじめ考えておくべき問題だ。この問題を防ぐために、福島では用意もされていなかった「ウェットウェルベント」のように、汚染された空気を水の中をくぐらせてから外に出すような対処法を用意しておくわけだ。

さらにこの上の五層目では、テロリスト対策であるとか、事故が起きたときの避難経路であるとか、より最悪のシミュレーションを用意している。

「5層の深層防護の思想を満たさない点で、世界標準から後れを取っていた」と事故調のまとめにもしっかり記載されているが、東電ではせいぜい三層までのレベルしか考えられていなかった。

それより、「大災害なんて、めったに起こるものじゃない」「予備のものなんて使う機会はない」と、対外的に安全神話をつくり上げ、内部では「根拠のない楽観論」に陥っていたのは間違いない。

まさに、危機管理の欠如の見本といわれても仕方のないことだろう。

■リスク管理も、やはり上司の「徹底度」で決まる

私がトリンプの社長をしていたとき、各新聞社から注目の的になったことがあった。一九九〇年代から、流通業界では大激変が起こり、ダイエーやそごう、マイカルといった多くの会社が破綻していった。

そこに商品を卸していたアパレルメーカーの多くは深刻な打撃を受けたのだが、トリンプだけは、「取引信用保険」というものに入っていたため、損失を保険金で取り戻すことができたのだ。

だからメディアは、私に注目した。

「吉越さんは、すごい予測力をお持ちですね。ところで次に潰れるのはどこですか？

Xデーを教えてくださいよ」といった具合である。

何も私がずば抜けた予測力を持っていたわけではない。流通が危ない、ということは、それこそ「現場」を見ればよくわかった。売上は減っていたし、各売場の活気もなかったからだ。

危機を察知していたのは、私だけではなかったはずだ。

しかし問題は、その危険にどう対処するかだ。

私は、社内でXデーと呼んでいた「その日」は思ったより早く来るだろうと考え、それに備えて、店頭在庫をトリンプに売り戻してもらうなどして売掛金を徹底的に減らす努力をしていた。そういう過程で、「取引信用保険」というものがあるという情報も手に入れた。

ただし、その「取引信用保険」に加入するためには、毎年数千万単位のお金がかかる。だから、「将来あるかどうかもわからない危険のために、それだけの投資はできない」と考えた経営者も多かったのではないだろうか。

「そんなお金を使うのは、もったいない。あれだけ大きな会社が、簡単に潰れるわけがない」と、ほとんどが「根拠のない楽観論」に陥っていたのではないかと思われる。

とはいえ、これも現場に近ければ、その危うさが伝わってきて数千万円の保険にかかる費用が安く感じられるのだから不思議である。

結果的に、私たちだけが億単位のお金を回収できた。それは「最悪の場合」を想定して、徹底的なリスク管理をしていたからに他ならない。

リスク管理も、やはり「徹底度」で決まるのだ。

考えられるリスクに対して、あらゆる手を打つのがリーダーの役割である。

「何とかなるさ」と能天気に構えている二流どころか三流のリーダーにはご退場願うしかない。

6 未来への〝布石〟をどれだけ打っているか?

リーダーたる者は、自分の組織を取り囲む環境がどのように「変化」するかを、つねに「予見」していなければならない。世の中は絶えず変化しているから、将来を読み、しかるべき手を打たなければ、組織全体が沈没してしまう。

将来を予測したとき、「いまのビジネスモデルで果たして今後も大丈夫なのか?」という大きな革新を迫られる場合もときには出てくる。現実にあらゆる業界で、根底から揺るがすかのような大きな変化が起こっている。

それに目をつぶって、波風を起こしたくないからと現状をそのまま放置しておく。

これでは、気づいたときには、もはや手遅れということにもなりかねない。

二〇一二年、アメリカの名門企業のコダックが経営破綻に追い込まれたが、同じフィルム会社である富士フイルムは、まだ完璧に軸足を見つけたとはいえないまでも、DPE、医療機器、化粧品、食料品などと多角化を進め、マネジメントの力で生き延びている。時代が変化するときには、いかに「皆が嫌がること」であっても、リーダーは組織の存続のために大改革をしなければならない場面が来る。そこで躊躇していては、やはり、本物のリーダーにはなれないのである。

■「戦術眼」だけではなく、「戦略眼」を持て

時代の変化を読むためには、社内や業界内の狭いところばかりに終始せず、広く世界の変化を「感じ取る」ことだ。

たとえば、ドトールコーヒーというコーヒーショップは、現在は当たり前のように存在しているが、スターバックスが登場してからは、ドトールコーヒーも低価格路線

だけではなく、スペシャリティコーヒーを提供するモデルを取り入れて、エクセルシオールカフェの展開を広げるようになった。

そもそもドトールコーヒーショップというモデル自体、「チボー」や「エドショー」といった、ドイツの「セルフ型コーヒーショップ」と呼ばれた店を真似たものなのだ。これをドトールコーヒーが日本に持ち込んで、大成功したわけである。

私が社長時代にトリンプでつくったブランド「アモスタイル」も、もともとはアパレル業界で名乗りを上げてきたSPAを真似たものだ。

私は、よいものは「徹底的に真似る」(略して「TTP」といっているが)ことを信条としている。自分たちだけで革新的なものを創造しようとしても、なかなかうまくいくものではない。もっと柔軟な姿勢になって、「成功事例」を、進んで取り入れていけばいいのだ。そして、それをいかにうまく取り入れ成功につなげていくかがリーダーの実力である。

なぜ、リーダーの多くが現状に追われ、未来のことに頭が回らないのかと考えた場合、「忙しいから」ということも理由にある。

つまり目の前の「急ぎの仕事」に追われるあまり、未来に対して布石を打つような仕事ができなくなってしまうのだ。目先の〝戦術的〟な対応をするだけで、将来に向けた〝戦略的〟な手が打てないでいるわけだ。

しかしこの「将来」が、どのくらい先の未来に起こるかは、誰にもわからない。危機管理や再発防止などはその典型で、起こってしまってからではすでに遅いのだ。

だからこそ、リーダーには92ページで述べた「③重要だが緊急でない仕事」を、徹底して前に進める意思の強さと実行力が必要になるのだ。

この本を読んでくださっている読者の皆様にも一言申し上げておきたい。

ご自身の戦略、いわゆる人生そのもののことを考えておられるだろうか？

ご自分の人生をどうしたいのか、時間を取って考え、その戦略をちゃんとつくっておかないといけない。忙しい仕事に追われ、それを何とか乗り越えるために仕事術の本などを読んで一生を過ごすことになってしまってはいけない。

もし考えたことがないのなら、一度、ご自身がどうなりたいのか、人生をどうしたいのか、ぶれない戦略をつくられたらいかがだろうか。

7 上司はもっと「独善的」になっていい

「朝令暮改」というのは、朝に決定したことを夕方に覆すことをいう。世の中には、これをよしとするリーダーもいるし、よしとしないリーダーもいる。

正しい「朝令暮改」とは、状況の変化に素早く対応し、「この戦略ではうまくいかない」と判断の非を認めて、素早く修正をすることだ。

とくに現代のようなスピード社会では、めまぐるしく情勢が変わるため、「朝に出した決定を夕方には変更しなければならない」といった事態は現実に起こりえる。

そして、一流の上司の朝令暮改には、ほとんどの場合、部下は反発しない。なぜなら、一流の上司は、つねに情報を一〇〇パーセントオープンにして、皆と同じ情報を共有しているからだ。すると、必然的に皆が同じ判断に至るのだ。「このままだとうまくいかないな」と上司が考えたとき、部下もその理由がわかっているから、上司の変更をむしろ歓迎するだろう。

そうではなく、「うちの上司は、いうことがころころ変わって困る」と部下にいわれている上司の「朝令暮改」は、単に「迷っている」だけのことだ。「ぶれている」が故の朝令暮改なのだ。

そんな上司の自己本位による「朝令暮改」が行なわれる組織は硬直化していて、情報がオープンになっていない。このスピード社会の時代に、そんな組織では先が知れているだろう。

「君子豹変す」という言葉は、かつては日本でも「よきリーダーの行動」という意味で使われてきたが、最近はマイナスイメージでとらえる人間も多いようだ。それは、ぶれているリーダーがあまりにも多くなってしまったからかもしれない。

■「軌道修正」が遅い会社に、未来はない

アップルのスティーブ・ジョブズといえば、存命中は「世界一の経営者」と呼ばれたほどの人物だ。Mac、iTunesやiPhoneに代表される革新的な商品を次々と世に送り出し、会社を世界一に押し上げた。

しかし、彼は一方で、非常に独善的な人間としても知られ、「狂人」と呼ばれていたことも事実で、創業者でありながら、会社から一度追い出されたのはよく知られている。

にもかかわらず、彼は「世界一の経営者」と称賛された。それは単に、時代の寵児としてメディアが持ち上げたからではない。彼のリーダーシップのもとで働いていた多くの優秀な人間たちは、それでも彼を尊敬し、どんな朝令暮改にもついていった。それだけの魅力とアイデアと実行力がジョブズにあったからに違いない。

日本には、トップリーダーの独善をあまりよしとせず、実務的な判断は中間管理職

に任され、経営層が現場から離れてしまっているような組織が多くある。その結果、スピードが落ち、世界市場で後れを取ってしまっているのだ。

日本のエレクトロニクス産業は、韓国のサムスンにすっかり負けている。その敗因を、「サムスンはオーナー経営だから判断が早い」などと説明する人間がいる。しかし、現実にはサムスンだけでなく、オーナー経営ではないはずのアメリカやヨーロッパ、それに中国の企業にも日本の企業は負け続けているのだ。これは、やはり、リーダーの差だというしかない。

トリンプにも、ギュンター・シュピースホーファー氏という強力なリーダーシップを持ったオーナーがいた。

彼は、「エレファントヘッド（象の頭）」と呼ばれたくらい、素晴らしい記憶力も判断能力も持っていたが、いわゆるワンマンであった。

しかし彼のもとで日本法人を任されていた私だって、かなり独善的な判断をしてきた。私にはオーナーへの報告義務があったし、オーナーも積極的に子会社の経営に介入してきた。

ただし、私とオーナーは、情報をすべて共有していたので、「同じ判断ができる」という前提条件があった。だから、私も思いのままに「朝令暮改」をすることができたのである。

この立場だったからこそ、上部組織の香港からの介入も受けずに、自分の正しいと思ったことをすべて、即判断し、実行に移すことができた。そういった立場をつくってくれたオーナーには深く感謝したいと思う。

この本を書き始めた二〇一三年の初め、そのトリンプの元オーナーのギュンター・シュピースホーファー氏の訃報に接した。この場を借りて彼の冥福を心より祈りたい。

世界の優秀なCEOは、強烈なリーダーシップでもって、素早く会社を動かしている。日本企業のリーダーたちは、もっともっと強くならなければならない。

4章

自分の役割をまっとうしているか？

——タフな上司になるための「考え方」「働き方」

1 リーダーは、〝無事故無違反〟が当たり前

「一か八かに賭ける」――日本では、そんな「決断」ができる人のことを、「勇気がある」などと称賛する傾向がある。

しかし、先にも述べたが、リーダーというのは、そんな「一か八か」の賭けをしてはいけないのである。どんな選択をするにしろ、「もし、うまくいかなかったらこういう手を打つ」と、先の先を読み、「一〇〇パーセント勝つ」戦略を求めなければならないのだ。

「確実に勝つ」というと、「そんなことは不可能ではないか」と不安に感じる人もい

るかもしれない。しかし、つねに冷静な思考でもって、その都度判断に判断を重ねていけば、「一か八か」の決断をしなくても、確実にゴールにたどりつくことができるはずだ。

たとえば、タクシーの運転手の中で、事故を起こす人間というのは、決まっているらしい。「一か八か」をやってしまう傾向のある人間、ということだろう。事故を起こす人は何度も事故を起こすし、事故を起こさない人はまったく起こさない。基本はここでも無理をしないことがその差になって表れるということだ。無理を承知で、などと考えてはいけない。すべて着実に判断していくことである。

■「一〇〇%勝てる方法」を追求せよ

会社の上司も、タクシーの運転手と同じで、どんなに混雑した道であっても、無事故無違反で走るのが当たり前だ。

一か八かの決断をして、組織を危機に陥れるようでは、上司として失格だ。安全運転への意識をつねに持っていなければいけない。

ただし、道路交通法のルールと違って、ビジネスの世界には、必ずしも正解は存在しない。だから上司には、迷いながらも前進し、前進しながら修正を繰り返して目的地までたどりつくことが求められる。

ときには多少踏み外した判断をすることだってあるだろう。ただし、そういうときでもつねにリスクを考えて、修正を加えながら着実に完遂へと向かう歩みを止めないことだ。それができるリーダーが率いる組織、チームだけが、成功をつかむことができるのである。

以前、関西のとある町で、タオル業界が不況で苦しんでいるという話を聞いた。中国産の安いタオルが市場に溢れ、商品が売れない、と悲痛な叫びを上げていた。

しかし、私が知っている内野株式会社という会社は、素晴らしい技術を持っていて、素材から紡績、仕上げ加工まで徹底してこだわったタオルをつくり、パリのボン・マルシェという超一流百貨店に、ブランド化したタオルを販売し、好成績を収めている。不況の中でも正しい舵を取って、会社を飛躍させているリーダーがいるのだ。

困難な状況を嘆くばかりでは、何も変わらない。

リーダーたるもの、あらゆる知恵と経験を総動員して、「必ず勝つ方法」を見つけ出してほしい。そして、勝ち残る一流のリーダーになってほしいと願う。

2 リーダーは、「リスク」など取ってはならない

よく「リーダーはリスクを取れ」ということがいわれるが、できるリーダーは、リスクなど取らないものだ。

傍目では思い切った策を打っているように見えて、じつはロジックを積み重ねて冷静に計算している。考えうる阻害要因を一つひとつ確実に潰して、いざ実行に踏み切るときにはすでに勝算を得ている。

その結果、周りから驚かれるような成果を手に入れる。しかし、本人にとっては、別に驚くようなことではない、というのがほとんどなのだ。

「すべてを捨てる覚悟で」リスクを取るのは、無能なリーダーのやることだ。自分自身だけでなく、部下たちも、遅かれ早かれ路頭に迷わせてしまうだろう。

「攻撃は最大の防御」というが、いまのように変化の激しい時代では、まさに「何もしないこと」自体がリスクになる。防御に走ってしまうのは、リーダーとして責任を担う覚悟がないからだ。そして「何もしない」組織はいずれ衰退する。

別に「蛮勇」になる必要も、「臆病」になる必要もない。

大事なことはむしろ「原理原則」に従い、「リーダーとして正しいこと」を忠実に実行することである。

■「蛮勇」も、「臆病」も、同じ失敗につながる

では、その「リーダーとして正しいこと」とは、どんなことだろうか。

それは正しい視点で、正しく考え、正しいやり方で遂行していく、ということだ。

正しい視点とは、「私利私欲」を取り去り、何のバイアスもかからない「独立した

立場」で、物事を見るということだ。「社長に怒られる」とか、「失敗したら評価に響く」などという気持ちでは、必ず間違った「安全策」に陥ってしまうだろう。

正しく考えるというのは、情報を包み隠さず一〇〇パーセントオープンにして共有化し、物事の本質をありのままに可視化・顕在化させるということ。机上で考えるのではなく、「現場」で起こっていることをありのままに見ることだ。しかも全体最適で考えなければいけない。

もちろん、現場の最前線にいる部下の考えにも真摯に耳を傾けなければならない。現実にはリーダーだって、必ずしも正解を出せるわけではない。だから、つねに「小さな判断」を素早く積み重ね、一つひとつ試行錯誤して、修正を加えながら物事を先に先に進めていくのだ。これが「正しいやり方」である。

癌ワクチンの開発を進めている中村祐輔シカゴ大学医学部教授は、その仕事の進め方を「深い穴を降りる様子」にたとえている。

これはどういう意味かというと、降りる穴が「三メートルぐらいの深さ」だと思ったら、まず一メートルぐらいのところまで降りてみる。そうすると先が見えるから、

「まだかなり深いな」と判断して、さらに少し降りてその先へ降りていく……。このように調整を加えながら進んでいくから、最後には正しいゴールにたどりつくことができるのだ。最初から「三メートルなら大丈夫だ」と甘く見て飛び降りたりしたら、大けがをしてしまうだろう。

二流の上司は、小さな判断さえできず、先延ばしにするから、最後には確信がないままに、「一か八か」の大きな決断をしなければならなくなる。「リスクを取る」とは、まさにそういうことだ。

肝に銘じておかなければならないことは、「危険を顧みない人間」も、「安全策に埋没する人間」も、結局は同じ失敗をする可能性が高い、ということだ。

そんな上司は、いつか必ず組織を危険にさらす。

部下も危なっかしくてついていてはいけない。

大切なのは、迷わずに実行することだ。

走りながら考え、判断をし、一歩一歩、着実に先に進んでいくことだ。

そんな「積極性」が、じつは一番「リスクのない方法」なのだ。

3

「感情」ではなく「ロジック」こそが会社を救う

義理、人情、浪花節。

私はこの三つをまとめて「GNN」と呼んでいる。

私はこの「GNN」を否定するつもりはまったくない。

むしろあってしかるべきと思う。

しかし、会社の土台というのは、あくまで感情を差し込まない「ロジック」を鉄骨にしてつくり上げるべきだと考えている。

その点で、義理、人情、浪花節にいつも流されてしまうようでは、リーダー失格といえる。

実際に経営者ともなれば、非情に徹した判断を下し、その判断を貫徹しなければならない場面がいくらでも出てくる。

私の例を挙げてみよう。

私がトリンプの社長時代、一九九〇年代の初めのころだが、裾野と滋賀にあった二つの工場を閉鎖することにした。裾野には六〇人から七〇人、滋賀には二〇〇人弱くらいの従業員が働いていたが、この二つの工場のコストが高く、経営を圧迫していたため、閉鎖することに決めたのだ。

このときまずやったことは、発表をする前の晩に、工場長クラスの主だったメンバーを集めて事情を説明することだった。

彼らには何とか納得してもらい、協力を要請して、翌日の朝、出勤してきた従業員たちを食堂に集めてもらい、そこで全員に対する説明会を実施した。

このとき、日本人は素晴らしい、と思ったのは、こちらが一〇〇パーセント包み隠さず真摯に説明をすると、皆さん、きちんと理解してくださったことだ。海外なら抗議運動が起こりかねない。

しかし、ほとんどの方は「長い間お世話になりました」といって、その場で承諾書にサインをしてくれた。当日風邪を引き、欠勤していた一人だけ、その場でサインをもらえなかったが、その人のところには工場長が自ら家まで出向き、やはり正直に事情を説明することで、サインをもらうことができた。

これほどつらいことはなかった。

もちろん本当ならやりたくなかった。

しかし、私は、経営者として、リーダーとして、それをやらなければならなかった。

■ときには「非情に徹する」のがリーダーの役目

偉大な画家、パブロ・ピカソは、「いかなる創造的活動も、初めは破壊的活動だ」という言葉を残している。

組織とは、「変化に対応する」ことこそが重要であり、それができない組織はやがて必ず潰れる。

確かに、リーダーを長く務めた人間であれば、自分が築いたものへの愛着もあるし、仕事を通して培った人間関係への愛情もあるだろう。

しかし、変化の激しい時代に新しい創造的活動をするためには、破壊的活動をしなければならない。それはトップに立つ人間が背負わねばならない責務であり、使命である。

私は先日、タクシーに乗ったのだが、とてもサービスがよかったので運転手に聞いてみると、この会社では、売上がいい運転手のサービスノウハウを、皆で共有することになっているのだそうだ。すると、皆の売上が上がっていくのだという。

いまタクシー会社はどこも苦戦しているといわれるが、そんなことはない。儲けているところは儲けているし、確実に成長しているのだ。

たとえば、MKタクシーという会社があるが、私は成田空港に行くとき、必ずこの会社のタクシーに迎えに来てもらう。いつもサービスがよくて、気持ちよく日本を発つことができるからだ。

先日、担当してくれた運転手に聞くと、「今日は東京・成田の二往復です」とのこと。つまり、東京から成田、成田から東京の二往復の、すべてが予約で埋まっているわけだ。片道二万円くらいの売上になるから、いわゆる「流し」なんて非効率なことをしなくても、合計八万円が一日で稼げてしまう。

スマホから連絡をすると、GPSで場所をキャッチしてピンポイントで迎えに来てくれる日本交通もある。

いまのタクシー業界はタクシー運転手の技量にただ頼るのではなく、会社としてのシステムの優劣で売上が決まっていくということなのだと思う。

MKタクシーなどは、お客さんを乗せるときに、わざわざ運転手が車を降りてドアを開けてくれる。それを、儲からない会社のタクシー運転手は、「あれは邪魔ください。後ろに止まるとこっちが待たされるんですよ」などと不平不満を漏らす。

こうした旧態依然の会社は、必然として淘汰されていって、新しいサービスでお客のニーズをつかむ努力をしている会社が飛躍し伸びていくのが当たり前であるし、間違いなく業界全体にとってもプラスになる。それが競争というもので、消費者のためにもなるということである。

つらい判断でも、結果的に組織の成長につながることを実行するのがリーダーの役割だ。感情に流されず、ロジックをベースに会社の業務を効率化し、生産性を上げ、人を動かしていく。

これこそ、リーダーが選ぶべき道である。

4 「体力を削って働く」のは、二流がやること

リーダーは「元気」がなくてはならないし、周りにも元気を与えられる人間でなければならない。48ページで述べた、ジャック・ウェルチの説く「エネルギー」であり、「エナジャイズ」である。

とにかく、「できる人」になりたければ、「元気」でいることが第一なのだ。アントニオ猪木さんの言葉に「元気があれば何でもできる」というものがあるが、これは至言だ。

元気でいるためには「健康」でなくてはならない。だからこそ、「余計な仕事」に

体力を奪われるべきではない。「残業ゼロ」の状態にして、定時内で誰にも負けない仕事をして、毎日十分に睡眠を取り、心身ともに充実して仕事をする状態をつくっておくことがその基本でなければならない。

たとえば、定年を無事に迎えても、体力が残っていなければ、その後の人生を楽しむことなどできないだろう。

ましてや、そんな働き方を長年やってきた人は、妻から「産業廃棄物」呼ばわりされるのがオチだ。そんな人生を送りたいだろうか。

■「命や健康より大切な仕事」などない!

先日、私は懇意にしていた、ある会社の経営者の方の葬儀に参列した。彼は癌になったというのに、「いま辞めるわけにはいかないから」といって、無理をして仕事を続けていた。

その結果、寿命を縮めたわけだが、周りの人間は、「どうしてそこまで無理をしたんだ」「死んだら終わりじゃないか」と嘆いていた。

本当にその通りなのだ。

私は、トリンプの社長を六〇歳で辞め、それからは悠々自適の生活をしているのだが、そのとき、周りからは散々、「まだ働けるのにもったいない」といわれた。

しかし、私は、人生を楽しむために生きているのであって、それを犠牲にしてまで、健康や体力を削り取ってまで、仕事を続けるつもりはなかった。働けるほどの体力があって初めて、定年後の人生を十分楽しめるというものである。

『アメリカは日本経済の復活を知っている』（講談社）という本を書いた、イェール大学名誉教授で、今日のアベノミクスの金融政策に大きな影響を与えたといわれる浜田宏一さんによれば、アメリカ人に「定年で仕事を辞める」というと、「おめでとう。これからは人生を楽しんでください」という答えが返ってくるそうだ。

これはフランスでも同じで、六〇歳の定年を六二歳に延長したときは、フランス全土でストが起きた。「なぜそこまで働かせるのだ?」と皆が抗議したわけである。

もちろん、私も、会社を辞めてから本を書いたり、講演をしたりしている。だから定年後も一定の「仕事」を続けていることは間違いではないのだが、体力を奪われるような仕事は一切するつもりはない。

日本人は、「骨身を惜しまず」とか「命を賭して」とか、命や健康を犠牲にしてまで仕事に取り組む姿勢を重んじすぎる。

その最たるものが、第二次世界大戦中の「特攻作戦」だろう。

NHKが放送し、本としても刊行された『日本海軍400時間の証言』(新潮社)を読むと、日本海軍がいかに命を軽んじていたかがわかる。

たとえば「回天」という特攻用に開発された人間魚雷があるが、この武器を使って敵の船を沈められる確率は微々たるものだった。

ただ「命を懸けている」という姿勢を示したいがために、この兵器をつくり、実際に使っていたのだ。これではほとんど殺人と同じではないか。戦争時の話は極端に聞こえるかもしれないが、終戦からまだ一〇〇年も経っていない「最近」の話であることを忘れてはならない。

命より仕事のほうが大事なわけがない。

しかもそれが自分のことであれば、なおさらだ。

このことを上司は、自分に対しても部下に対しても、配慮すべきだということを決して忘れてはいけない。

5 仕事はゲーム——だからこそ勝たなければならない

前項に続く話をしたい。いま、皇居の周りでは、週日で三〇〇〇人、週末になると六〇〇〇人がジョギングをしたり、ウォーキングをしたりしているそうだ。

一体なぜ、そんなことをやるのかといえば、健康のためだ。もっといえば、あらゆる仕事をするための基礎となる「体力」をつくるためだろう。どんな仕事も「体が資本」で間違いない。

一方で、ジョギングだなんて面倒くさい、と休日はくたびれ果てて家でダラダラと休んでいるような人間もいる。

どちらが「一流の上司」になれるかといったら、答えはいうまでもないだろう。

これは上司に限ったことではないが、「体力」がすり減っている人間は、「気力」に欠ける。「気力」に欠けた人間は、十分に「能力」を発揮することができないのだ。

ところが、「つるはし労働」に終始し、夜の九時、一〇時まで働いたりして、ひたすら体力をすり減らしている人間が多い。これでは、「頭を使った仕事」などできるわけがないのだ。

体力が万全であれば、朝の八時に出社して、いままで一日かかっていた仕事を午前中に終わらせることだって不可能ではない。残業や休日労働をやめたほうが、よっぽど仕事は効率よく回せる。「早起きは三文の徳」ということわざがいまだ十分に理解されていない。

■できる人の「休日」、できない人の「休日」

前にも引き合いに出したイェール大学の名誉教授、浜田宏一さんは『アメリカは日本経済の復活を知っている』(講談社)という本で、日本の「お疲れ様」という挨拶を揶揄している。

アメリカには「お疲れ様」という挨拶はない。それは、浜田さんによれば、「能率よく、なるべく疲れないように成果を発揮する」のが当然だからだ。疲れるのはむしろビジネスパーソンにとって望ましくないことで、そんな働き方や仕事のやり方は、自らの責任で立て直すべき課題であるわけだ。ところが、日本では、「お疲れ様」が挨拶になっている。まるで「疲れるのがいいことだ」とでも言うかのように、長時間労働を讃え合っている。

日本では、「力を出し切る」という尺度を、「どれだけ長時間働いたか」に置いてしまいがちである。これでは、「疲れる仕事」から抜け出せないし、頭を使った仕事をすることなどできなくなってしまう。

そもそも「仕事」というのは、その人の人生の一部に過ぎないのだ。仕事で疲れ切ってしまって、貴重な休日の時間をダラダラと過ごすことになるような不幸な状態を讃え合ってどうするのか。

仕事は「能力」を最大限に使うもので、つるはしを使って「体力勝負」でするものではない。体力はそれこそ、休日をアクティブに遊ぶために使えるくらいはつねに残っていないといけない。

これは、私がよくいっていることだが、仕事というのは、しょせん「ゲーム」なのだ。

こんなことをいうと意識が低いと怒られそうだが、実際にそうなのだ。

そもそも仕事の場は、ゲームと同じ「架空の空間」であることを認識しなければならない。これは会社を辞めたときに、本当によくわかる。一度離れてしまうと、自分の人生と関わりのなくなったそこでの実績の大半は、自分の人生から消えてなくなってしまうものなのだ。

それはまさにゲームとまったく同じなのである。

だからこそ、ゲーム感覚で仕事に取り組むことが必要なのだ。そしてもちろん、ゲームだからこそ勝たなければならない。

ゲームは勝ってこそ面白いのだ。

体力勝負では、ゲームに勝てない。ゲームに勝つには、頭を使って、戦略を、そして攻略法を編み出さなければならない。その仕事というゲームの「戦略」「攻略法」を考えるのが、リーダーの仕事なのだ。

6 一流のリーダーに、一流の秘書がいる理由

「コスト」に対する意識は、上司にとってももちろん大切なことだ。

二流の上司は、コスト意識が高いようでいて、しかし肝心なところにお金をかけていない。

その結果として、お金のみならず、時間や労力も無駄にしているのだ。

その点で、一流の上司は、「生きたお金」の使い方を知っている。だからこそ効率性も生産性も高く、上司としての実績を伸ばすことができるのだ。

コストについては、私が若いころに学んだ、こんな出来事がある。香港で働いたと

きだが、私と同じ年齢のドイツ人の同僚が、香港に転勤してくると同時に、まだ二九歳のくせに秘書を当たり前のようにして雇ったのだ。

「なんか図に乗っているんじゃないか?」と、最初、私はそう思った。ところが、同じように働いているうちに、同じレベルだったはずの彼に、私はどんどん引き離されていったのだ。

一体なぜだろうか?

仮に「秘書にやってもらえる仕事」を一時間あたり四〇、「自分でなければできない仕事」を一時間あたり一〇〇としよう。秘書を雇っていないAさんは、業務八時間のうち半分の四時間は四〇の仕事に振り回されるとする。そうすると、「四(時間)×一〇〇+四(時間)×四〇」で、一日分の仕事量は五六〇となる。

ところが、秘書を雇った同僚のBさんは、業務八時間のうちすべて自分の一〇〇の仕事に取り組むことができ、秘書にやってもらえる四〇の仕事をすべて秘書に任せることができるから、「八(時間)×一〇〇+八(時間)×四〇」で、一日の仕事量は一一二〇となり、Aさんの二倍になる。

これでは、差をつけられてしまうのは当然のことだろう。

■お金の使い方次第で、仕事のレベルは格段に上がる

こうした話を聞き、「けれども秘書を雇った分、かなりの人件費がかかってしまうのではないか?」と疑問を持つ方もいるだろう。

当然、人件費はかかる。

けれども、その人件費は決して「無駄なお金」ではない。

たとえば、上司の給与を一〇〇として、秘書の給与を三〇とすれば、総人件費は一三〇で三〇パーセント増しだ。

しかし一方で、上司の仕事は五六〇から八〇〇に上がっているから、これだけで四〇パーセント以上のプラスになっているわけだ。単純計算だが、これは「儲けのほうが大きい」ということを意味する。

しかも、ここで計算しているのは、上司の効率だけである。秘書は秘書で、八時間

の時間があるから、この時間を有効に活用すれば、さらに仕事量を増やすことができるだろう。

これは単純に、秘書として「雑務がたくさんできる」ということではない。上司が秘書の実力を引き上げれば、本来自分でやっていた、一〇〇レベルの仕事をパターン化して、秘書に回すこともできる。

その分、上司も新しいことを考えられるので、時間当たり一三〇とか一五〇という、より高いレベルの仕事に挑戦していくことができる。そうすると秘書と一体となって、さらに大きな仕事ができるようになっていく。

秘書にそんなことができるわけがない、というのは固定観念に過ぎない。海外に目を向ければ、それこそ「かつて秘書だった」という女性経営者が大勢いる。彼女たちを使っていた上司もまた、とてもレベルの高い人間だったのだろう。

こうした例は、じつは至るところにある。

あなたの会社は、経費を惜しんで古いコンピューターを使い回し、その結果、非効率でレベルの低い仕事を続けてはいないだろうか。

あなたは、タクシーで行けば二〇分で済むところに一時間かけて移動し、その時間でできるはずの仕事を無駄にしてはいないだろうか。

上司として、いかにして「生きたお金」を使うか。

よく考えてみてほしい。

7 「言うべきことを言え」「成すべきことを成せ」

一流の上司は、「面倒なこと」や、「覚悟のいること」から逃げない。

たとえば、あなたが課長職の人間だとしよう。

あなたの上にいる部長は、できない上司で、現場の意見をあまりに無視した指示を出した。前線で働く部下たちのことを考えると、あまりに滅茶苦茶な話であった。

しかも、この部長は気性の激しい人間で、反対意見を出そうものなら怒鳴りまくるような性格だ。一体、課長のあなたはどうするべきだろうか。

ずばりいうが、それでも反対意見を述べるのがあなたの役目である。

もちろん、その意見は通らないかもしれない。それでもやるべきことはやる。その上で部下たちに、「部長に対してこういう反論をした。しかし、指示は変わらなかった。ならば私たちはこれを受け止め、実行に最善を尽くす以外にはない」と結論を伝える。こうでなければ、やはり部下だって納得はしないだろう。

組織においては、本来、上に行けば行くほど、「覚悟のいること」ばかりになるものなのだ。それらを「面倒」と感じるようなら、上司になるべき器ではない。

それだけ上司の仕事は、責任が重く、大変なものなのだ。だからこそ上司は、先にも述べたように、体力、気力、能力ともつねに充実していなければならないのである。

そしてすべてのベースとなるのが「体力」だ。上司という立場に抜擢される以上は「能力」が備わっているのだろう。

けれども日々の仕事に忙殺され、疲れ果てて体力を失うことで、「困難なことにも立ち向かっていこう」とする気力を失い、ストレスに負けてしまって、その能力を発揮できない上司が日本には多いのである。

したがって、上司は、余計な仕事に振り回されず、気力と体力を維持しつつ、大きな困難に打ち勝つために、効率のよい働き方に徹し、その上で誰にも負けない結果を出していくべきなのだ。自分を絶対にバーンアウトさせてはならない。それはまさに敗北である。

■泥をかぶっているのは、誰か?

一流の上司は「泥をかぶる」覚悟がある。ただし、周りから見て「泥をかぶっている」のはいいが、自ら「泥をかぶるつもりだ」などというものではない。

仮に自分が損な役割を担っていたとしても、それが組織にとって必要なことであれば、その務めを果たすのが上司の役目だ。最終的に目標が達成されるなら、上司は自分の「責任」を果たしたことになる。

難しい仕事でも、「やるべきこと」を自信と確信を持って実行し、結果的に「泥をかぶった」だけのことである。

「泥をかぶる」などという感覚を持つのは、現場から離れている上司が、格好をつけたいとき、あるいは自虐的になったときだろう。「現場」の立場に立って仕事をしている上司がそんなことをいうはずがない。

上司は、「成すべきことを成す」人間でなければならないのだ。

たとえば、福島第一原発の事故のとき、現場にいた吉田所長は、「水の注入をやめるべきだ」という本社からの指示に対し、「イエス」と答えたが、しかし、じつは水の注入をやめなかった。

彼のその判断はまさに正しかったのだが、ただ結果としては、所長が「泥をかぶる」形になった。

本来、こんな事態はまともではない。現場のリーダーが「こうすべきだ」と判断したなら、それをリーダーが自信と確信を持って実行できる体制でなければならないのだ。ビデオが公開され、東電での会議の様子を見てみたが、東電で高い地位にある所長にいかに権限が与えられていないかがわかり、その様は異様にさえ感じた。

はっきりいって、日本の上司には、自分が泥をかぶるというよりも、現場に泥をかぶらせるような上司が多い。

私はそう思うが、違うだろうか。
「私は違う」という上司が一人でも多くいることを願いたい。

8 部下指導、目標達成、危機管理…「数字」をどう使うか

たとえば、企画書というのは、内容がないと、それをうまく隠すための「装飾」が必要になってくる。「美辞麗句」というのがまさにそうで、スローガンのような文句ばかりが並んでいる企画書には、たいていの場合、実行力がともなわない。

そして、二流の上司ほど形式的な文言が好きで、美辞麗句のようなものばかりを部下に要求する。

言葉だけではない。会社によっては、上司が部下にパワーポイントを使って報告させるようなところさえある。社内的な報告をするのに、一体なぜ、そこまで部下に時

間と手間をかけさせねばならないのか。バカバカしいにもほどがある。

私が上司なら、そんな無駄な時間と労力を減らすためにも、「社内でのパワーポイントは一切禁止」にする。

実際、私が社長時代にトリンプで行なっていた「早朝会議」では、パワーポイント文書はおろか、紙一枚の資料を提出させることもほとんどなかった。提出するにしても、全体でつながったプロジェクターで映し出すのに最適な書類の大きさが絵葉書大だったので、それ以上の書類は禁止していた。口頭で「こういうことがあり、こういう対応を考えている」と部下に報告させ、私が「では、そうしよう」と答えればＯＫだった。部下がメモでも取っておけば、何の支障もない。

ただし、「数字」だけははっきりと提示させることを徹底していた。

「売上目標はどれくらいなのか?」

「期限はいつまでなのか?」

「どのくらいコストがかかるのか?」

などだ。

「言葉で示されたもの」が「数字で示されたもの」になればなるほど、仕事は具体的なものになる。情報を共有するためにも効果的な方法だ。

もちろん、仕事によっては、数値でなかなか表現できないものもあるだろう。「社員のモチベーションを高める」とか、「危機管理への意識を徹底する」といったものだ。けれども、やはり言葉で表現されたままにしておくと、美辞麗句の枠を出ず、いったことがスローガンに終わってしまう可能性が高くなる。

だから、たとえば、「デッドラインを守る達成度を一〇〇パーセントにすることで社員の意識とモチベーションを高める」とか、「いざという場合の危機管理の対応策を五段階まで用意することで意識を高める」などと、やはり、数値化した目標にするほうがいい。そうすれば実行性も高くなるし、うまくいかなかった場合の検証もしやすいだろう。

■私はトリンプで「数字」をこう使っていた

二流の上司が「数字」をなかなか出さないのは、いったん数字を出してしまうと引けなくなるからだ。

つまり、達成できたか、できなかったかが、数字を出すことによって一目瞭然になってしまう。数字に追いかけ回されるのも怖いし、達成できなかったときに評価が下がるのも怖い。

だから躊躇してしまうというわけだ。

私が社長時代のトリンプでは、毎年末に、次の目標を提示することになっていた。このとき、「数値化できる目標リスト」と「数値化できない目標リスト」を箇条書きにして部下から提出してもらうのだが、どうしても数値化できないものだけを「数値化できない目標リスト」に載せることにしていた。

そうでないと、目標への意識は高まらないし、実際に数字を出してしまえば、社員は何とかそれを実現させようと創意工夫をするし、試行錯誤するものなのだ。だから一見不可能そうなことでも、実現できる可能性が高くなる。

ただし、この数字は、無理矢理つくるものではなく、担当者がいまより仕事のレベルを少し上げれば実現できる、という程度のレベルに設定する必要がある。簡単に到達できる数字を与えられても成長はできないし、ひいては組織全体の成長にもつながらない。

ここが重要で、無理のある数字を掲げるようになると、組織全体がおかしくなる。たとえば、年度末になったら、売上目標に無理矢理でも到達させるために、「安くしてでもとにかく在庫を処理しろ」と、値下げをして商品を卸したりする。そんなことをしたら利益率が低下し、ブランド力も低下し、結果的には会社にとって損になるだけである。

また、私がトリンプの社長をしていたときには、スイスの本社には少なめに見積もった売上目標とそれに基づいた利益目標を提出した。

そして、部下たちには少し多めに見積もった売上目標と利益目標を設定して、それを追いかけさせるようにしていた。

そうすれば、仮に部下たちが目標に到達できなくても、「なぜ目標に届かなかったかを分析し、来期はどうすれば達成できるか考えよ」と、次の課題に結びつけることができるし、本社に提出した売上目標は達成できているから、何も問題はない。目先の目標が「達成」できても、組織が「成長」できていなければ先はない。そのことを踏まえた上で、目標を設定する必要があるだろう。

9 リーダーは、「組織丸ごとの効率化」に知恵を絞れ

92ページでも述べたが、仕事というのは、「①緊急で重要な仕事」「②緊急だが重要でない仕事」「③重要だが緊急でない仕事」「④重要でも緊急でもない仕事」の四つに分けられる。

「④重要でも緊急でもない仕事」には、オフィスの清掃であったり、いざという場合の危機管理であったりという、「一見、重要でなさそうに見える仕事」も含まれる。

繰り返すが、①と②の仕事に追い回されているようでは、一流の上司にはなれない。③や④のレベルの仕事まで同時並行で処理してこそ、成果を挙げていくことができ

る。何といっても会社は仕事の徹底度でそのレベルが決まる。だから、たとえ④の仕事であっても雑に扱うことはできない。トイレの奇麗さであったり、受付の細かな部分であったりがその会社のレベルを示すものとなるからだ。

難しいのは、①や②の仕事は「リアルタイム」で結果が求められる「作業的な仕事」であるのに対し、とくにこの中でも③の仕事は「将来の成果」に対しての種をまくための、どちらかといえば「思考的な仕事」だということだ。

リアルタイムの仕事は、途切れることなくやってくる。

そして、誰にとっても時間は二四時間しかない。

では、一体どうしたらいいのか。

■〝作業的仕事〟に追われないための方法

上司が「作業的な仕事」だけに追われず、「思考的な仕事」をするためには、やはり、「作業的な仕事」を部下にどんどん任せていくしかない。「作業的な仕事」に追われている限り、いつまで経っても上司は自身のレベルアップを図ることができないし、部下のレベルアップにもつながらない。

しかし、もちろん部下だって、①や②の「作業的な仕事」に追われている。そのまま仕事を振ったら、部下がパンクしてしまう可能性がある。

ならばどうするかといえば、何度も繰り返すが、やはり、「デッドライン」を決めて、それによって部下の仕事の効率を上げ、また集中力を高めさせることで、部下が仕事をより速く、大量にこなせるようにリードするしかないのだ。

このように、①や②の「作業的な仕事」の効率化を考えることのもう一つの大きなメリットは、「職場全体の仕事環境の効率」も改善できることだ。たとえば、外注を考えたり、新たなITツールを導入したり、といったことである。

例として、私が以前利用したことのある、「シルバーシー・クルーズ」というモナコのクルーズ会社の話をしよう。東京にシルバーシーの船がやってきたときに、その船長さんと食事をする機会を得た。

そのとき質問したのだが、一日中仕事をしなければならない船の中で、その勤務時間について聞いてみた。どのクルーズ会社の船でも同じなのだが、元来クルーズシップは一年を通して二四時間オペレーションであり、だからこそ残業がゼロという、一見困難な目標を実現している。

クルーズツアーでは、様々な宴会やイベントが行なわれる。その間、何カ所もあるレストランや娯楽室のような施設は朝食から始まって深夜まで稼働しているし、ルームサービスや清掃なども含めた様々なサービスは二四時間フルタイムで行なわれる。しかし、従業員は誰一人としてオーバータイムで働いていないのだ。なぜなら、ここでは綿密なタイムスケジュールに従って、完璧に仕事を引き継いでいく仕組みができていて、従業員は皆十分な休息を取ることができる。

船長や、船の操縦士は別だろうと思いきや、こちらも完全な交代制で、オーバータイムは一切なしということだった。だからこそおよそ三カ月間も休日なしでスタッフは元気に働くことができるのだ。

この快挙は、最初に「二四時間オペレーションで超過なし」という前提条件、絶対目標を策定し、それに合わせて綿密なシステムを構築しつつ、各業務の効率化を徹底的に図っているからこそ実現できているのだ。

リーダーたるもの、自分個人の仕事はもちろんのこと、「組織丸ごとの効率化」にまで知恵を絞らなければならない。

5章

自分を信じて努力をしているか？

――吉越流「これだけは守るべき」上司の心得

■上司として生き抜くための「武器」を持て

上司の仕事は、大部分が「完全な正解」のない中で進んでいくものだ。

だから、前人未到の地を進む探検家のように、いざというときに困難を打開し、道を切り拓ける「武器」を携えておくことが必要だ。

上司にとっての「武器」とは何か。

それは、「分析力」や「判断力」や「常識力」といったものだ。一言でいえば、「ロジック」がすべてではないだろうか。それにつけ加えるとすれば、あとは「自信」である。

つねにロジカルに考え、そのロジックに従って判断、行動をしていけば、必ず困難を打開することができる。

ロジックが曖昧だと、たとえば何か問題が起きたとき、毎回毎回、対処する方法が異なってしまう。そのブレは、組織を迷走させる。

ロジックがブレなければ、上司の解答は「規範」「模範」となり、何か問題が起こったときでも、組織が一丸となってそれに対処することができるのだ。

■チームのみんなの気持ちを「明るく」せよ

48ページで挙げた、ジャック・ウェルチのいう「リーダーに必要な四つのE」の第一は、「エネルギー」で、第二は「エナジャイズ」であった。自らが元気であり、人を元気にさせる、ということだ。だからこそ、上司は明るく、部下を笑わせるような存在でなければならない。

「笑う門には福来たる」ということわざがあるが、明るく笑っている人間には、正のスパイラルによって、いいことがどんどん起こっていくものだ。「門」とは、家とか家族といった意味だが、仲間とともに働く会社だって同じことだろう。

私がトリンプの社長だったときも、ユーモアでもって会社の雰囲気を明るくすることに、精一杯の努力をしたつもりだ。

幸い、私の場合は、妻がフランス人なので、言葉や文化の違いから来るおかしな話が日常でよくある。たとえば、寒い冬の夜、妻は「ハルマキ（腹巻き）がない、ハルマキがない」と騒いでいるし、イヤなことがあったりすると「フン（運）がない」と嘆く。

日本語は似たような単語が多いので混乱して誤用してしまったり、フランス語では発音されない「h」がフランス人には聞き取れないので日本語を話すときにおかしくなったりするのだが、こういう言葉を聞くと私もおかしくて、翌日に会社で話したりする。こういう話は、とても「わかりやすく」笑いが取れるから、妻には感謝していたものだ。

欧米のリーダーは、やはりジョークの腕が一流だ。コミュニケーションの潤滑油としてのユーモアの役割をよく理解している。日本のリーダーには〝お堅い〟人間も多いが、これからの時代は、もっと欧米のリーダーたちの明るさを見直さなければならないと考える。

■人前で愚痴や不満をいうな

仕事に限った話ではないが、自分に起こることはすべて、自分が行なったことの結果である。それをぼやいたり、嘆いたりしても仕方がない。自分に起きていることのほとんどは「必然」であり、「正しい」のだ。

少し前まで、日本の企業は、円高、高い法人税、雇用規制……といった経済的な要因による七重苦に加え、政治的な失敗も加わって「八重苦」を抱えている、などといわれていた。

しかし、すべては「予件」であってそれに文句をいっていても仕方がない。予件を乗り越えられるような対策を打っていくことこそ上司の役割である。あとになって誰かのせいにしても仕方がないことだ。

いまの日本のビジネスパーソンには、社内での自分に対する評価に満足している人がほとんどいないと聞く。だからといって、会社に不満をぶちまけても評価は何一つ変わらない。評価されたければ、「結果を出す」しか方法はないのだ。

愚痴や不満ばかり口にしていて成功した人間を、私は知らない。愚痴や不満を漏らせば漏らすほど、負のスパイラルによってさらに状況は悪くなっていくだけである。

もし、あなたにそういうネガティブな傾向があるなら、いますぐ改めなければならない。

■ストレスをうまく解消しておけ

困難な仕事が次々と降りかかってくる上司にとって、日々のストレスを解消することは大切なことだ。

その一番の方法は、とにかく寝ること。早く寝ること。人によって違うのかもしれないが、私なら八時間以上は寝ること。そして早起きすることだ。

仕事は断然、朝のほうがはかどる。よって、上司は早起きを問答無用で実践しなければならない。八時間以上の睡眠を確保しようとするなら、一一時前には確実に寝るようにしなければならない。

私にいわせれば、早寝早起きができない人間は、その時点でもはや上司失格である。もちろん、趣味でも、お酒でも、自分なりの気晴らしの方法を持つことも有効だと思うし、それもいいだろう。しかし、毎日よく眠って、心身ともに万全な状態でいる、ということは、ストレスに負けないための何よりの「前提条件」だと私は考える。

■「忙しい」というのは、恥と知れ

仕事というのは、仕事ができる人間のもとに集まってくる。だから、仕事ができる人間が忙しいのは当たり前である。

一流の上司になれば、それこそ膨大な量の処理すべき案件を抱える。だから忙しいのだが、彼らには「忙しい」といっている暇もない。やるしかないのだ。仕事のスピードを上げて、効率を上げて、部下もうまく使って仕事をこなし、どんどん仕事を回転させながら、レベルアップをしていくから、さらにできる上司になっていくのだ。

「忙しい」などと嘆いている時間があるなら、それはむしろ暇な上司である。さらには自分の能力不足を証明しているようなものだ。どこかで「忙しい自分」に満足感を抱いているのだろう。残業をするときの満足感に似ている。

東芝の社長や経団連会長を務めた名経営者、土光敏夫さんの言葉に、「ヒマがないので考えられないというのは誤り」というものがある（『［新訂］経営の行動指針』産業能率大学出版部）。

土光さんは、経営者だった私が手本にしていた人物であり、壁にぶつかったときは、必ず土光さんの言葉を参照していた。その名経営者が、「『忙しいから』といって頭を使えないのはおかしい」という。

その通りだ。むしろ忙しいからこそ、頭をフル回転させて仕事をするべきなのだ。ナポレオンは、「一番忙しい人間に仕事を回せ」といった。なぜなら、忙しい人こそ仕事ができる人であり、創意工夫に長けている人だからだ。

土光さんも、「われわれの職場を見渡すと、面白いことに忙しい人はますます忙しくなり、暇な人はますます暇になるという傾向がある」といっている。つまり、優れた人間のところには、「これはあなたに担当してほしい」と仕事が集まる。これはむしろ光栄なことだろう。

だとしたら、「忙しい」と嘆くのは間違いだ。

「忙しい」と嘆く人間は、周りからの評価を必ず落としていく。

むしろ、もっともっと「忙しい人」を目指すべきなのだ。

■「毎日変わる社是社訓」をつくれ

前述の土光さんは、東芝の社長になったとき、「社是社訓をつくってはどうか」と周りからいわれたが、断固として反対したそうだ。

「どうしてもつくるのなら『毎日変わる社是社訓』にしなければならない」といった。この変化の激しい時代に固定した物の考え方は許されない、という信念に基づいての主張であった。

もちろん、会社には守るべき「理念」というものがあるだろう。ただそれは、「世の中の役に立つ」とか、「自分たちの役割を果たす」といった根本的なミッションである。「そのために何をするか」といった「具体的なやり方」になると、これはもう、固定化できるものではない。「このやり方は絶対に変えない」と硬直したときに、その組織は滅びる運命をたどり始めるだろう。

確かに、「成功した前例」があれば、誰でもそれにしがみつきたくなる。そうしたものを「ツール」として使用することは間違いではない。しかし、どんなツールも普遍的なものではないのだ。だからリーダーはつねに新しい発想を取り入れ、自らの成功パターンを絶えず進化させていく必要がある。

■部下には本音で話せ、本音を聞け

私は、トリンプの社長時代、「社員の給料と、発表前の人事以外はすべてオープンにする」をモットーにしていた。

リーダーとして、隠し事をせず、情報をオープンにして皆と共有することは、とても大事なことなのだ。上司と部下が同じ情報を持っていれば、様々な判断をするときに、最終的には必ず合意できる。合意できるということは、組織が「一丸となれる」ということだ。上司と部下の間で意思伝達に齟齬が出たりするのは、どこかで「隠された情報」があるケースがほとんどなのだ。

また、組織のメンバーが「互いに本音で話す」ということも非常に重要だ。嘘やまやかし、ごまかしをせず、させず、胸襟を開いて話し合うことで、チームや組織の間に信頼が生まれる。

ラテン語に「インヴィーノヴェリタス」という言葉がある。訳せば「ワインには真実」だ。つまり、「本音で話したいなら相手をお酒に誘え」という意味で、ヨーロッパでも上司が部下を飲みに誘うことは推奨されている。

日本では最近、それをやらない上司も増えてきたようだ。もちろん、しょっちゅう飲みに連れ出すのは問題だが、まずは「残業ゼロ」にした上で、少しくらいは実践してみてもいいのではないだろうか。

■人の「異なる意見」に耳を傾けろ

会社というのは、仲間同士が働いているところであり、個々の立場で考え、話し合い、全体最適のものをつくっていく場所である。

だから、相手のよい意見を取り入れ、それに自分の意見をつけ加え、より洗練されたものに仕上げていくべきだ。相手の意見に耳を貸すのは当たり前であり、それが自分の考えているものより優れているものであれば、すぐに取り入れるべきだ。「儲けもの」ではないか。

ところが、競争意識をあおられると、途端にこうした「協力関係」がつくれなくなるのだ。相手の意見を否定し、攻撃し、まるでディベートのようになってしまう。これでは組織の意思統一が図れないので、バラバラになる。

たとえば、サッカーで、選手の誰かがハットトリックを決めたとしても、それは一人で成し遂げた仕事ではない。試合の流れの中で、何人もの選手がうまく連携し合ってこそ実現できたことだ。

会社もこれと同じで、「誰の手柄」などということは考えるべきではないのだ。戦う相手は「自分」だけ。とくに上司は、自分と厳しく戦わなければならない。

部下に競争をあおるような上司は、自分の役割がわかっていない。

■細かいところまで手を抜くな

神は細部に宿る。英語では、「ゴッド・イン・ザ・ディテールズ」というが、仕事は「徹底度」で決まる、ということを説く言葉だ。

ドイツの建築家にミース・ファン・デル・ローエという人がいる。その作品は世界遺産になっているほどだ。彼は、「細部の収まりがよくないと全体の美しさは出てこない」といった。一見したところではわからないような、ごく小さな部分にまでこだわるからこそ、偉大な作品は生まれる、ということだ。

ただ私は、逆に、「悪魔は細部に宿る」とよくいっている。最後の最後で徹底さに欠けたために、悪魔が突然現れてきて失敗に終わる、ということが、仕事では往々にしてある。だからこそ、ほんの小さなことでも最後の最後まで手を抜いてはいけないのである。何度もいうが、仕事は「徹底度」で決まるのだ。

■嘘やまやかしは徹底的に排除せよ

「正しい判断」をするためには、「正しい情報」が必要だ。

だからこそ上司は、嘘やまやかし、ごまかし、といったものは、断固として排除しなければならない。

部下が失敗をするのは仕方がないことだ。その失敗に対しては寛容であっていい。部下がそこから学び、成長していけばいいのだ。

しかし、たとえば部下が失敗を隠そうとしたり、ごまかそうとしたり、嘘を繰り返したりしたら、決して許してはならない。そんな部下は、どれだけ頭のいい人間だろうと、組織にとってマイナスにしかならないからだ。

■自分の「ミッション」を忘れるな

上司とは、「ミッション」を与えられて、人の上に立つ存在だ。

その立場になった背景には、「自分が何のために仕事をしているのか」というミッションがあり、もっといえば「自分は何のために生きているのか」というミッションがある。

人を率い、責任を負い、模範となる立場にありながら、いまの日本の会社の上司には、この「ミッション」をきちんと認識していない人が多すぎる。上司がそんな状態では、部下の中から、大きなミッションを実現できるような人間が出てくることはないだろう。

上司に限らず、最近の日本人を見ていると、毎日の目の前の仕事の忙しさに振り回され、「心」がなくなってしまっているように思う。

そんな中で、大切なことを見失ってしまったことの「弱点」が、政治や経済や教育などに噴き出しているように思えてならない。

政治家も、経営者も、教育者も、親や子も、皆、人として生まれ、その仕事を選んだ以上、背負っているミッションがあるはずだ。

あなたの「ミッション」は何だろうか。

何のために働いているのだろうか。

それを、いつも自問自答してほしい。

そうすれば、選ぶべき正しい道を見失うことはない。


（了）

一流《いちりゅう》の上司《じょうし》、二流《にりゅう》の上司《じょうし》

著　者――吉越浩一郎（よしこし・こういちろう）

発行者――押鐘太陽

発行所――株式会社三笠書房

〒102-0072 東京都千代田区飯田橋3-3-1
電話：(03)5226-5734（営業部）
　　：(03)5226-5731（編集部）
http://www.mikasashobo.co.jp

印　刷――誠宏印刷

製　本――若林製本工場

ISBN978-4-8379-2514-9 C0030

＊落丁・乱丁本は当社営業部宛にお送りください。お取替えいたします。
＊定価・発行日はカバーに表示してあります。